[期货投资者教育系列丛书]

棉　花

中国期货业协会　编

中国财政经济出版社

图书在版编目（CIP）数据

棉花/中国期货业协会编．—北京：中国财政经济出版社，2011.8
（期货投资者教育系列丛书）
ISBN 978-7-5095-3033-7

Ⅰ.①棉…　Ⅱ.①中…　Ⅲ.①棉花-期货交易-基本知识　Ⅳ.①F830.9

中国版本图书馆 CIP 数据核字（2011）第 161774 号

责任编辑：贾延平　陈嘉曦　　　　责任校对：胡永立
封面设计：陈　瑶

中国财政经济出版社出版
URL：http：//www.cfeph.cn
E-mail：cfeph@cfeph.cn

社址：北京市海淀区阜成路甲 28 号　邮政编码：100142
发行处电话：88190406　财经书店电话：64033436
北京富生印刷厂印刷　各地新华书店经销
787×1092 毫米　16 开　14.25 印张　225 000 字
2011 年 9 月第 1 版　2011 年 9 月北京第 1 次印刷
定价：33.00 元
ISBN 978-7-5095-3033-7/F·2572
（图书出现印装问题，本社负责调换）
本社质量投诉电话：010-88190744

期货投资者教育系列丛书编委会

总 序 言

近年来，在党中央国务院的正确领导下，随着《国务院关于推进资本市场改革开放和稳定发展的若干意见》的深入贯彻落实，我国期货市场取得了稳步较快发展的良好局面。但是由于当前我国期货市场“新兴加转轨”的特征依然突出，市场制度和结构仍存在缺陷，风险防范和化解的自我调节机制尚未完全形成，市场主体发育不成熟，我国期货市场的整体波动和投机性仍较强，这些都对期货市场的改革发展提出了新的挑战。

与此同时，在新的市场环境和对外开放的条件下，随着我国期货市场规模的不断发展壮大，国内市场与国际市场的联系日趋紧密，影响期货市场运行的外部因素也更为多样化和复杂化，由美国次级债危机引发的国际金融市场动荡不安，国内外商品市场价格频繁而剧烈的波动，都增加了期货市场风险控制和日常监管的难度，给我国期货市场的稳定、健康的运行带来了新的挑战。

在这样一个新的形势下，期货市场的持续活跃和规范运作吸引了许多新的市场参与者，期货市场的开户数快速增长，特别是新入市的个人投资者比重较大且呈持续上升趋势。大宗商品和资产价格的频繁剧烈波动也使越来越多的企业开始意识到利用期货市场进行风险管理的重要性。但是由于对期货市场的交易特点和运行机制缺乏详细了解，同时风险意识淡薄，受期货高杠杆、高回报的诱惑，而忽视了期货的高风险特征，导致了非理性投资行为上升，产生了不必要的损失。投资者是期货市场的重要主体，期货市场的发展离不开投资者的积极参与，特别是成熟投资者的参与。因此，在当前我国期货市场的快速发展时期，做好投资者教育工作更加意义深远。

做好投资者教育工作，既是保护投资者合法权益，促进期货市场稳步发展的客观需要，也是加强我国期货市场建设、促进市场稳定运行的关键环节。持续不断地开展行之有效的投资者教育活动，使投资者了解期货高杠杆、高风险的特点，了解期货市场的产品及交易规则，减少投资者的盲目性，特别是牢固树立“买者自负”的风险意识，从而理性地参与期货交易，增强投资者的自我保护能力，才是对投资者最好、最有效的保护。同时，通过投资者教育，有助于投资者客观、正确地认识和参与期货市场，可以进一步促进培育诚实守信、理性健康的市场文化，促进期货市场功能的有效发挥和市场的平稳有序运行。期货市场的投资者教育工作任重而道远，是一项长期的、系统性的工程，需要持之以恒地开展下去。

近年来，围绕投资者教育工作，期货市场的监管部门、自律组织与中介机构都深入进行了形式多样、内容丰富和卓有成效的大量工作。由中国期货业协会组织编写的这一套《期货投资者教育系列丛书》就是协会按照中国证监会的统一部署，贯彻落实期货投资者教育工作的重要措施之一。该丛书作为期货市场第一套系统介绍我国上市期货品种的投资者教育普及读物和中国期货业协会期货投资者远程教育学院课程的基础性教材，以广大普通投资者为服务对象，兼顾了现货企业等专业机构的需求。本套丛书在体例上采取简单明了的问答体例，在语言上深入浅出，通俗易懂，可读性强。在内容上，丛书以“风险教育”为主线，不仅对国内上市的期货品种基本知识和交易规则进行了详细的介绍，更从期货品种相关的现货生产、加工、贸易和消费等产业链的各个环节对该产品的特性进行了系统的介绍，从而使得投资者能够得到更加全面、深刻的理解。同时，丛书还选取了大量包括套期保值、套利交易等典型实务操作案例，作为投资者了解和学习该产品的辅助材料，充分体现了丛书的实用性和可操作性特点。衷心地希望本丛书的出版能够为期货投资者了解期货市场，树立风险意识，理性参与交易提供有益的帮助。

姜　洋

2010 年 3 月

目　录

第一章 概述

【本章要点】

本章简要阐述了棉花的属性和用途等基础知识，对棉花期货市场的历史、现状、特点以及国内外期货市场运行情况、我国棉花期货上市背景和意义进行介绍。

一、参与棉花期货交易为什么需要阅读本书？

本书系统、详细地介绍了棉花产业链从生产、加工、贸易到消费等各个环节的基本情况，以及行业发展趋势和国家产业政策等内容，为投资者了解棉花产业的总体概况提供参考。与此同时，我们也分析了产业链各个环节中对棉花市场价格构成影响的各种因素，这将有助于投资者在分析市场行情时全面掌握各方面的情况。

本书作为《期货投资者教育系列丛书》中的一本，立足于对期货投资者的基础教育，充分结合棉花期、现货的特点，重点介绍常用的市场分析方法及套期保值策略在棉花期货交易中的具体运用。有关分析侧重于实用性，结合大量的真实案例进行分析，具有较强的可操作性，适合于拟参与棉花期货投资的或参与时间不长的投资者和实体企业。根据参与棉花期货投资者交易的目的不同，本书兼顾了不同参与主体的实际需要，分别介绍了相关的必备知识。

对于需要通过棉花期货的套期保值功能来规避棉花价格剧烈波动风险的投资者，包括受棉花价格影响较大的棉花种植户、皮棉加工企业、贸易商、纺织企业等，本书针对他们在实际经营过程中的需求不同，配合众多实际案例，深入浅出地介绍利用棉花期货套期保值方案的基本原理和具体做法，从各个方面体现企业在套期保值策略上作为买方和卖方的不同，生产和经营方式不同的企业如何实现套期保值，为相关企业提供快速掌握套期保值策略和操作方法提供重要参考和帮助。

针对棉花价格趋势性强，可预期性较高的特点，本书也为投资者利用棉花期货进行套利和投机提供了参考。机构投资者可以通过棉花供求信息收集，以相对较低的信息投入成本，获取较高的投资回报。同时，棉花期货价格的影响因素多，对基本因素反映敏感，波动频繁，投资机会较多，非常适宜于中小投资者进行短线技术性操作。

作为博弈工具，书中我们也明确地指出了“期市的巨大风险”，提醒投资者在追求高利润的同时一定要有风险意识，保持高度的纪律性，善于合理运用“止损”和“止盈”。对于套期保值的企业而言，建立完善的套期保值流程与方案是我们在书中一直所倡导的理念之一。书中也介绍了成功企业先进的套期保值制度，供套期保值企业学习。“他山之石，可以攻玉”，希望各位投资者能借用书中经典案例吸取精华，活用于企业的风险管理中。

二、棉花有哪些属性和用途?

棉花是离瓣双子叶植物，喜热、好光、耐旱、忌渍，适宜于在疏松深厚土壤中种植。棉花是锦葵科棉属植物的种子纤维，原产于亚热带。植株灌木状，在热带地区栽培可长到 6 米高，一般为 1 ~ 2 米。花朵乳白色，开花后不久转成深红色然后凋谢，留下绿色小型的蒴果，称为棉铃。锦铃内有棉籽，棉籽上的茸毛从棉籽表皮长出，塞满棉铃内部。棉铃成熟时裂开，露出柔软的纤维。纤维白色至白中带黄，长约 2 ~ 4 厘米，含纤维素约 87% ~

90%。

棉花是世界上最主要的农作物之一，产量高，生产成本低。棉花产量最高的国家有中国、美国、印度等国家。根据纤维的长度和外观，棉花可分成3大类：第一类纤维细长（长度在2.5~6.5厘米范围内），有光泽，包括品质极佳的海岛棉、埃及棉和皮马棉等。长绒棉产量低，费工多，价格昂贵，主要用于高级布料、棉纱和针织品。第二类包括一般中等长度的棉花（长度约1.3~3.3厘米）。第三类为纤维粗短的棉花（长度约1~2.5厘米）用来制造地毯、棉毯和价格低廉的织物，或与其他纤维混纺。

棉花的主副产品都有较高的利用价值，正如前人所说“棉花全身都是宝”。它既是最重要的纤维作物，又是重要的油料作物，还是纺织、精细化工原料和重要的战略物资。籽棉经过生产加工得到皮棉、短绒、棉籽。皮棉主要用于纺织工业，短绒根据不同工艺要求可用于造纸、化工领域，棉籽经过加工可得到棉油和棉籽蛋白。棉油可以食用，棉籽蛋白可用作家畜饲料及培养食用菌的基料等，也可以做肥料用。

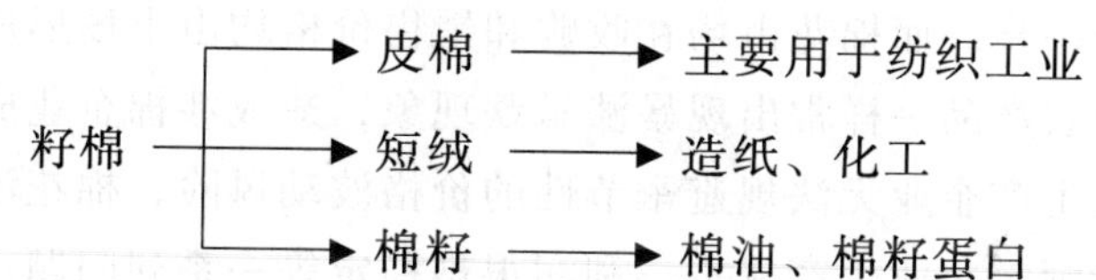

籽棉经过分离加工得到棉花与毛棉籽，棉花再经过加工成为皮棉，而毛棉籽上还有少量的短纤维即短绒，利用价值也相当高。一般情况下，毛棉籽要进入剥绒车间进行剥绒（做种子用的棉籽除外，另外用化学方法处理其上面的短绒）。根据工艺要求，剥绒机剥出的棉短绒分Ⅰ道绒、Ⅱ道绒、Ⅲ道绒，Ⅰ道绒主要用于造纸（如钱币用纸），Ⅱ、Ⅲ道绒主要用于化工，用来生产电影胶片、军用无烟火药等。剥完绒后的棉籽叫光籽，它含有高蛋白，具有广泛的用途。

三、棉花期货市场是如何诞生的？

为转移现货市场的固有风险，1870年纽约棉花交易所应运而生，并于当年推出棉花期货交易。在此后的140年里，全球有15个商品交易所开展过棉花期货交易。随着棉花期货市场的不断发展，尤其是20世纪60年代以后，纽约棉花期货价格越来越受到重视，其规避风险、发现价格的功能已得到充分发挥，棉花期货价格在贸易界和管理界极具权威性，成为棉花行业和各产棉国政府不可或缺的价格参考依据。如美国政府依据纽约棉花期货价格对农民进行补贴；墨西哥政府为保护棉农利益，由农业部出面对全国棉花进行套期保值操作；英国的棉花企业和澳大利亚的种棉农场主也都在纽约交易所从事棉花的套期保值交易。

与美国棉花期货市场相比，我国的棉花期货市场是在粮食流通体制的改革背景之下才开始尝试建立起来的，发展相对缓慢。在国家取消农产品的统购统销政策、放开大多数农产品价格后，市场对农产品生产、流通和消费的调节作用越来越大，我国农产品价格的大起大落现象时有发生，这种农业生产忽上忽下的现象和现货价格的不公开以及失真现象促使领导和学者对粮食企业缺乏保值机制等问题的思考。1990年10月12日郑州粮食批发市场经国务院批准成立，以现货交易为基础，引入期货交易机制，迈出了中国期货市场发展的第一步。而棉花市场在收购和销售价格均由市场形成后，现货市场价格和其他农产品一样常出现暴涨暴跌现象，造成涉棉企业成本加大、效率降低，棉花生产企业无法规避季节性的价格波动风险，棉花流通、加工企业也存在不能锁定企业生产成本、利润很难稳定等一系列问题。在借鉴国内外成功经验的情况下，我国在2004年6月推出棉花期货合约。在广大的涉棉企业、投资者、专家、领导的关心、呵护和努力之下，目前我国棉花期货市场蓬勃发展、稳步向前，“郑州价格”已成为全国棉花产业关注和利用的权威价格，棉花期货功能充分发挥，得到市场参与各方的高度肯定。

四、我国棉花期货上市的背景和意义是什么？

棉花期货上市为现货市场提供避险工具。在1999年之前，我国棉花流通处于统购统销的计划体制下，价格相对稳定。在1998年12月，国务院发布《关于深化棉花流通体制改革的决定》后，自1999年9月1日起，棉花的收购和销售价格均由市场形成。政府有关部门只根据棉花供求情况等提出棉花收购指导性价格和指导性种植面积。供销社及其棉花企业、农业部门所属的种棉加工厂和国营农场、经资格认定的纺织企业，都可以直接收购、加工和经营棉花。然而，随着棉花现货市场全面放开，市场化格局基本形成，由于没有棉花期货市场的存在，棉花生产企业无法规避季节性的价格波动风险，棉花流通、加工企业也不能锁定企业生产成本，利润很难稳定。棉花现货市场价格的暴涨、暴跌造成涉棉企业的成本加大，效率降低。棉花期货的推出，对于郑州商品交易所（以下简称郑商所）可以说是历史性的发展机遇。期货市场以几十亿元的资金规模管理着上千亿元的农业、工业相关产品的价格风险，发挥着十分积极的作用。同时，期货市场作为管理着其他行业风险的特殊行业，如果没有适当的品种推出，就很难发挥其套期保值、发现价格和风险管理的功能。棉花期货的推出，不仅可以打破国内期货市场的品种瓶颈，而且有利于推动棉花市场的健康、有序发展。

我国棉花期货市场具有棉花价格的发言权。中国是棉花生产、消费大国，也是有影响力的棉花进口大国。多年来，中国棉花生产、消费量占世界生产、消费量的30%左右。20世纪90年代初，我国棉纺工业发展较快，国内棉花供不应求，曾经大量进口棉花。1994年，我国采购棉花的举动曾经导致纽约棉花交易所棉花期货价格连续七个涨停板。2004年一季度，中国进口棉花100多万吨，已接近世界贸易量的20%。生产、消费的优势本可以有条件提高我国棉花在国际市场的地位，但由于我国没有棉花期货市场，很少有企业参与国际期货，往往是在国内棉花供求紧张时公开、大量、分散地购买国际市场的现货棉花，缺乏棉花价格的谈判能力，导致购买大量高价棉花，使涉棉企业受到很大损失。统计显示，棉价上涨1000元/吨，我国纺织行业将提高成本55亿元左右，相当于2002年全行业利润总额的16%。而从历史发展规律上看，凡是世界经济强国，尤其还是生产大国和消费大国，都会有自己的国际定价权，这个定价权的重要表现之一就是具备完善的期货市场。棉花期货品种在郑商所上市，涉棉企业可以在国内进行期货交易和套期保值，形成中国棉花权威价格，将对国际市场的棉花价格产生影响，进而争取我国棉花的国际定价权，成为全球棉花的信息中心、交易中心和价格中心，有效维护国家利益。这是市场经济发展的必然要求，也是纺织工业健康发展的机制保证。

棉花期货市场完善了我国棉花市场体系。国内1998年底进行棉花流通体制改革，2001 年棉花市场完全放开，但由于棉花生产、经营分散，现货市场不规范，难以形成合理的棉花价格。几年来棉花价格剧烈波动，棉花质量下降，给棉花生产、经营和加工业带来了严重的损失。2003 年棉花价格上涨，实质是棉花市场不完善、信息不对称、市场配置资源滞后，当时的市场难以实现供给与需求之间的均衡造成的。开展棉花期货交易，可以充分发挥期货市场功能，完善棉花市场体系。一是为涉棉企业提供一个公正、透明的棉花期货交易市场，在期货市场中，由于信息高度集中，参与交易的人员数量众多，符合充分竞争的条件，所形成的期货价格更能反映出整个社会对棉花的供求关系，为企业的生产提供重要的参考依据；二是涉棉企业可以通过棉花期货市场套期保值，回避棉花市场价格剧烈波动的风险；三是可以进一步完善宏观储备制度。政府可以利用期货市场，通盘考虑收储政策，对国家储备棉进行保值运作。储备企业也可以利用期货市场改善经营管理，确保储备棉安全。

棉花期货上市六年来的实践证明，期货价格带来的棉花种植结构的优化调整符合棉农的长远利益，长远来看提高了农民收入，也符合企业规避价格风险、稳步健康发展的需求；棉花产业结构不断得到提升，目前“郑州棉花价格”已经成为全球棉花市场重要的参考价格。随着期货市场的不断健全发展，棉花期货将给我国经济的发展带来新的契机和更大发展空间。

五、我国棉花期货上市以来的运行情况怎样?

2004 年 6 月 1 日，棉花期货在郑商所上市交易，作为关乎国计民生的大宗农产品，棉花期货的上市为我国棉花产业的健康发展提供了有力保障。几年来的实践表明，棉花期货的成功运行为中国在国际上争取棉花话语权提供了有力保障。同时，在支持棉花产业发展、维护我国棉花安全、促进大宗农产品种植结构调整、保障“订单农业”发展、增加农民收入等“三农”方面发挥了较好的促进作用。2010 年 6 月 1 日，我国棉花期货上市运行 6 周年，已经得到了包括国际国内市场各个方面的认可，其发现价格、套期保值的市场功能得到了验证。近年来，我国棉花价格常年的巨幅波动在期货市场熨平价格的作用下已渐趋缩小，由低频的大幅波动逐渐化为高频的小幅波动，现货市场价格在国际国内多种复杂因素的影响下，并没有出现往年那样的巨大市场风险。郑州棉花期货市场已成为国内棉花市场的重要定价平台。

（一）期货交易情况

据中国证监会数据统计，2009 年郑州棉花成交 17069376 手，较 2008 年增加 58%，2010 年 173886228 手，较 2009 年增加 9.18 倍；2009 年成交金额 12971.04 亿元，较 2008 年增长 82.66%，2010 年成交金额 205931 亿元，较 2009 年增长 14.85 倍。棉花期货交易渐趋活跃，成交量不断创出新高，成为市场关注的热门品种，受到投机、套利和套期保值客户的喜爱。2010 年上半年郑商所的棉花期货成交量剧增 1271.3%，成为全球农产品期货成交量中增速最快的明星品种。

（二）企业开户情况

棉花期货推出后，现货企业积极参与。截至 2010 年年底，涉棉企业开户数超过 3500 户，有实力的棉花企业均通过期货市场进行套期保值交易。以 2008 年 3 月 5 日为例，当天有 2283 户加工和流通企业参与交易。

（三）仓单注册情况

从 2004 年 11 月（第一个上市合约为 CF0411）到 2008 年年底，共注册棉花仓单 31770 张（每张仓单 20 吨，下同），折合 63.54 万吨，交割率（交割量/成交量）为 0.26%。在仓单注册中，消费企业和贸易企业的数量逐年增加，2006 年为 390 家，2007 年增至 514 家，2008 年达到 699 家，现阶段增至接近 1500 家。

综上所述，我国棉花期货上市近七年来取得了显著成绩，棉花期货市场整体已步入良性发展轨道，并为涉棉企业和棉农发现价格、规避风险以及保证棉花行业的可持续发展作出了重要贡献。但与发达国家相比，我国棉花期货市场尚存在诸多问题，比如参与棉花交易的交易商和投资人仍然较少，投资商比例不高，交易头寸更少，交易品种较为单一等，这些都与我国作为世界棉花种植、生产和加工大国地位不相称。因此，政府仍需进一步加强立法规范市场行为，行业自身也应加强自律，市场则需培育出理性的期货投资商，通过多方共同努力积极推进棉花期货市场的发展，使其在解决“三农”问题中发挥更加显著的作用。

六、我国棉花期货上市以来功能发挥情况如何？

棉花期货上市后，在广大涉棉企业的积极参与下，期货市场套期保值、发现价格的功能开始初步发挥。棉花期货交易有一定的社会认可度，已经成为我国棉花市场体系不可或缺的一部分，棉花期货价格在服务国家宏观调控、引导生产消费等方面发挥着越来越大的作用，广大涉棉企业通过期货市场的保值运作回避了市场风险。

（一）价格发现功能初步发挥

郑州棉花期货价格自上市以来一直通过路透社、彭博资讯、易盛信息、世华财经等10余个信息系统向国内外同步发送，成为世界棉花的参考价格之一，也成为国内外关注我国农产品市场供需形势的窗口之一。2010年国内期货、现货价格相关性达0.96，国内外期货价格相关性达0.94，郑州期货价格与进口棉花完税价相关性达0.91。研究机构对郑商所和洲际交易所（ICE）的棉花期货价格进行协整检验的结果表明，两者之间存在相互影响、相互牵制平稳关系的概率达73.34%；因果检验结果表明，2008年郑州棉花期货价格对国内现货价格的引领概率为71.02%。价格发现功能的发挥，为涉棉企业有效利用期货市场奠定了基础。

（二）套期保值帮助棉企做大做强

2001年棉花市场放开以后，价格波动幅度增加，2003年国内棉价波幅达6000元/吨，相当于每吨价格的50%以上。如此大的价格波动使许多棉花企业破产或濒临倒闭，企业普遍尝到了无法转移价格波动风险的苦头。棉花期货的推出为企业回避价格风险提供了平台和管理工具。大部分参与期货交易的涉棉企业认为，有了转移价格风险的工具，企业才有胆量做大做强。以湖北银丰棉花股份有限公司（下称银丰公司）为例，棉花期货上市前，该公司每年经营量在2万吨以下，利用期货市场规避风险以来，年经营量和收益都有了较大幅度的提高。银丰公司总经理蔡亚军介绍，自从参与了棉花期货套期保值交易，公司的经营量连年上台阶，2005 年公司的经营量为 5 万吨，2006 年 9 万吨，2007 年 10 万吨，2008 年 12 万吨，三年多时间经营量翻了一番还多。由于参与了套期保值，使现货经营压力大为减轻。2010 年，银丰公司要进一步扩大套期保值的经营量，公司已经制订了确保经营棉花 20 万吨的计划，到 2011 年，公司的经营量将达到 25 万吨。棉花期货为现货经营企业插上了“隐形的翅膀”。

（三）棉花期货市场在解决“三农”问题方面开始发挥积极作用

期货市场在解决“三农”问题方面的积极作用主要体现在：一是调整种植结构，稳定产销关系；二是涉棉企业通过利用期货市场敢于把经营规模做大做强；三是在做大做强以后，能够利用规模优势反哺农村，支持农业建设，促进农民收入增加；四是涉棉企业在参与期货套期保值中能够不断增强自身的资信水平和借贷能力，为更进一步发展壮大创造宽松的资金环境；五是在龙头企业的带动下，通过“公司 + 合作社 + 农户”的形式，提高农民的素质和组织化程度，实现“小生产”和“大市场”的对接。

棉花期货上市前，棉农往往根据上一年度的籽棉收购价格来决定种植面积，造成我国棉花种植面积时多时少，供给大幅度波动，进而导致价格不稳定、农民收入波动较大、增产不增收。棉花期货上市后，由于期货价格的引领作用，一方面一些政府部门或行业组织根据棉花期货价格指导调整棉花种植面积；另一方面一些龙头企业根据期货预期价格与农民签订棉花订单，在稳定增加农民收入的同时，也稳定了棉花生产。近年来，我国棉花种植面积一直稳定在 8000 万亩、产量在 750 万吨左右，这和棉花期货的预期价格指导作用有一定关系，也表明期货在熨平现货价格大幅波动方面开始发挥积极作用。

在郑商所推出棉花期货以前，国内现货市场棉花价格波动很大，供求关系的突然失衡会造成价格的剧烈波动并严重冲击棉花的生产和贸易。如今，棉花期货价格越来越受到重视，其规避风险和发现价格的功能充分发挥出来，最近交割月期货价格与现货价格走势非常一致。现在棉花期货价格已成为政府制定有关棉花政策的主要参考依据，也是棉农和涉棉企业套期保值的主要场所。

延伸阅读：郑州商品交易所

郑州商品交易所（以下简称郑商所）成立于1990年10月12日，是经中国国务院批准的首家期货市场试点单位，在现货远期交易成功运行两年以后，于1993年5月28日正式推出期货交易。1998年8月，郑商所被中国国务院确定为全国三家期货交易所之一，隶属于中国证券监督管理委员会垂直管理。郑商所是为期货合约集中竞价交易提供场所、设施及相关服务，并履行《期货交易管理暂行条例》和《期货交易所管理办法》规定职能，不以营利为目的，按照《郑州商品交易所章程》实行自律性管理的法人。曾先后推出小麦、绿豆、芝麻、棉纱、花生仁等期货交易品种，目前经中国证监会批准交易的品种有小麦、棉花、白糖、精对苯二甲酸（PTA）、菜籽油、早籼稻等期货品种，其中小麦包括优质强筋小麦和硬冬（新国标普通）小麦。目前，郑州小麦和棉花期货已纳入全球报价体系，在发现未来价格、套期保值等方面发挥积极作用，“郑州价格”已成为全球小麦和棉花价格的重要指标。

郑商所实行保证金制、每日涨跌停板制、每日无负债结算制，通过指定的结算银行对会员每天的交易进行集中清算。郑商所实行实物交割制度，未平仓合约到期须在规定的期限内履约，交易所指定交割仓库为交割双方提供相关服务。郑商所利用交易风险实时监控系统和风险预警系统，对市场的资金、交易、持仓以及价格趋势进行定量分析预测，及时控制和化解市场风险。

郑商所期货即时行情通过路透社、彭博咨询、易盛信息等10余条报价系统向国内外发布。通过郑商所因特网会员服务系统等媒介，可以方便快捷地查询交易行情及交割信息。因特网会员服务系统还为会员提供申请客户交易编码、查询每日定单、成交、持仓、资金等网上信息服务。

七、国际棉花期货市场情况怎样?

纽约期货交易所（The New York Board Of Trade，以下简称 NYBOT）是世界上唯一一家交易棉花期货和期权的交易所，是全球影响最大的棉花市场。最近几年棉花期货年成交量相当于美国棉花总产量的 17 ~ 20 倍。其 450 家棉花会员分别来自于五种公司：自营商、经纪商、棉商、棉纺厂和棉花合作社。参与棉花期货交易的涉棉企业很多，套期保值的比例较高，一般在 35% ~40% 左右。

NYBOT 的棉花期权合约的成交量呈现高速增长的态势。1990 年，棉花期权合约的成交量还不足 4.2 万张；2003 年，NYBOT 交易了将近 216 万张棉花期权合约，棉花期权的成交量增长了 50 倍。1990 ~ 2003 年，棉花期权成交量的平均增长率为 88% 。

NYBOT 上市交易的棉花期权合约还有一个显著的特点：棉花期权成交量与棉花期货成交量的比率不断提高。NYBOT 的棉花期货的成交量基本上保持稳定增长的趋势。由于棉花期权的成交量增长速度高于棉花期货的成交量增长速度，导致棉花期权成交量与棉花期货成交量之间的比值不断创出新高。在 1991 ~ 2003 年间，棉花期权与棉花期货两者的成交量之比均高于 20% 的水平。1997 年，该比值最低，为 23% ；2003 年，该比值最高，为 71% 。棉花期权与棉花期货的成交量之比的平均值为 38% 。这表明棉花期权合约正逐步成为投资者惯用的风险管理工具。近年来纽约棉花期货价格越来越受到重视，其规避风险和发现价格的功能充分发挥出来，最近交割月期货价格与孟非斯地区（在美国被称为棉花之都 Cotton Capital）的现货价格走势非常一致。

延伸阅读：纽约期货交易所

纽约期货交易所成立于 1998 年，是由纽约棉花交易所（New York Cotton Exchange）和咖啡、糖、可可交易所（Coffee Sugar Cocoa Exchange）合并而来。新成立的纽约期货交易所实行会员制，其会员来自原来两家交易所的会员，其中棉花会员450家，咖啡、糖、可可会员500家。纽约期货交易所的原址在世贸中心的一个配楼上，“9·11”事件后，搬到了一个临时的交易场所，由于这个交易场所比起世贸中心的交易场所小得多，因此，各品种只能分时交易，棉花的交易时间是每天上午11点到12点，受交易时间缩短的影响，棉花期货成交量略有下降。

2007年1月，纽约期货交易所被洲际交易所（Intercontinental Exchange，ICE，网址 https：//www.theice.com）合并。在看外棉评论时，常常会看到“ICE棉花期货价格”，事实上它就是纽约期货交易所的棉花期价。

八、如何获取信息、看行情？

对很多投资者而言，每天关注期货市场行情是必不可少的功课，但对不熟悉期货市场的投资者来说，如何准确获得期货市场行情仍是一头雾水。下面将介绍如何获取期货市场信息及实时行情，希望对投资者有所帮助。

（一）如何获取棉花信息

目前，国际棉花咨询委员会（ICAC）、美国农业部（USDA）、英国考特鲁克公司（COTLOOK）是从事有关棉花国际形势分析和展望的主要机构，它们各自拥有独立的统计和预测数字，并且不断修正、定期公布。其中，国际棉花咨询委员会是一个由43个棉花生产和消费国的政府组成（不含中国大陆）的组织，其发布的世界棉花生产、供应、需求及价格等信息对市场起到极其重要的指导作用；美国农业部下设专门机构，每月公布棉花全球产销存预测报告，每周公布棉花出口销售报告，是棉花交易的主要参考来源；英国考特鲁克公司每日编制国际通行的棉花现货价格COTLOOK A、B指数，每周出版世界棉花展望报告。

国内的棉花专业网站也很多，比较著名的有：中国棉花信息网、中国棉花网、中国棉花工业信息网、中国纺织信息网、西部棉花信息网等。

另外，还可以到纽约期货交易所、郑商所、期货日报等单位网站了解棉花期货有关信息。

（二）如何获取期货行情

目前各期货公司免费提供博易大师、富远行情软件、文华财经等期货行情分析系统。投资者可在各期货公司网站上免费下载、安装相关软件。期货行情中主要显示当天期货的开盘价、最高价、最低价、最后成交价、涨跌幅度、成交量、持仓变化。当天行情的动态，人气强弱，高低起伏都显示在行情表上，详见图1－1期货行情表，不仅可以了解当天市场的多空力量，更重要的是可以通过持仓动态来进一步判断未来行情的走势。

系统 页面 板块 图表 新闻 长江期货咨询 手机行情 交易 工具 帮助

名称	最新	现手	买价	卖价	买量	卖量	成交量	涨跌	持仓量	仓差	结算价	开盘	最高	最低	昨结算	幅度%	代码
白糖1005	5144	2	6142	5144	25	110	40242	-208	138682	-7292	5168	5238	5250	5137	5352	-3.89	032305
白糖1007	5252	2	—	5253	0	2	1162	-219	23544	-74	5303	5355	5365	5252	5471	-4.00	032307
白糖1009	5403	2	5402	5403	25	108	1147776	-205	815122	-76284	5428	5500	5505	5383	5608	-3.66	032309
白糖1011	5315	8	5314	5318	3	2	2018	-197	5456	-736	5369	5440	5440	5293	5512	-3.57	032311
棉一连续	15105	2	15110	15140	1	1	704	-80	7638	-40	15095	15090	15140	15050	15185	-0.53	030520
棉一1101	15610	2	15620	15670	1	6	176	-115	4960	122	15615	15640	15650	15560	15725	-0.73	030501
棉一1003	15105	2	15110	15140	1	1	704	-80	7638	-40	15095	15090	15140	15050	15185	-0.53	030503
棉一1005	15300	14	15300	15305	3	31	18294	-65	108550	292	15260	15200	15310	15200	15365	-0.42	030505
棉一1007	15545	10	15535	15550	3	31	668	-55	4968	-52	15485	15500	15545	15430	15600	-0.35	030507
棉一1009	15935	94	15935	15940	3	52	130314	-35	136416	-3686	15855	15815	15940	15750	15970	-0.22	030509
棉一1011	15655	2	15650	15655	3	1	1406	-55	18312	-202	15600	15600	15665	15525	15710	-0.35	030511
棉二连续	—	0	—	—	0	0	0	—	0	0	—	—	—	—	—	—	030620
棉二1101	—	0	—	—	0	0	0	—	0	0	—	—	—	—	—	—	030601
棉二1003	—	0	—	—	0	0	0	—	0	0	—	—	—	—	—	—	030603
棉二1005	—	0	—	—	0	0	0	—	0	0	—	—	—	—	—	—	030605
棉二1007	—	0	—	—	0	0	0	—	0	0	—	—	—	—	—	—	030607
棉二1009	—	0	—	—	0	0	0	—	0	0	—	—	—	—	—	—	030609
棉二1011	—	0	—	—	0	0	0	—	0	0	—	—	—	—	—	—	030611
PTA 连续	7740	10	7740	7752	12	1	1156	-180	9648	-496	7740	7766	7766	7672	7920	-2.27	030720
PTA 1101	8252	2	8282	8356	1	3	38	-142	14	-2	8286	8300	8388	8202	8394	-1.69	030701
PTA 1002	7740	10	7740	7752	12	1	1156	-180	9648	-496	7740	7766	7766	7672	7920	-2.27	030702
PTA 1003	7814	10	7810	7816	20	56	17454	-182	36178	-2728	7812	7900	7900	7726	7996	-2.28	030703
PTA 1004	7912	4	7908	7916	1	1	214	-188	1792	-6	7918	7988	7994	7864	8100	-2.32	030704

大连商品 伦敦期货 芝加哥期货 日本期货 纽约金属 纽约能源 NYBOT商品 上证指数 深证指数 郑州商品 新加坡期货 全球外汇 全球指数 美洲指数 国内期货

图1－1 期货交易软件显示的行情报价界面

九、参与棉花期货交易之前需要做好哪些准备？

参与棉花期货的投资者在参与棉花期货交易前应做好足够的知识准备、经验准备、资金准备和心理准备，并明确参与交易的目的。

首先，应做好足够的知识准备和经验准备。在参与棉花期货交易之前，需要充分了解棉花期货相关的交易规则以及风险管理方法。众多事例表明，不少投资者在进行期货交易前未充分了解规则就急于交易，结果遭受不必要的损失，甚至损失惨重。

其次，要做好资金准备和心理准备。对于以前做现货交易或股票交易的投资者而言，期货交易风险要比现货和股票大，保证金交易在放大利润的同时也在放大风险。因此，投资者应有足够的风险意识和心理准备。

再次，应结合自身的投资需求及风险承受能力明确自己参与期货市场的目的，明确了参与目的后，方能制定合适的交易策略。从期货市场上的参与者来看，依其目的不同，可以分为三大类：套期保值者、套利者和投机者。套期保值者参与交易是为规避现货市场价格风险，而不是以盈利为主要目的。套利者参与目的是利用不同期货合约之间，以及期货与现货之间的不合理价差获得价差收益，投资风险相对较小，但专业要求较高。投机者则是主动承担风险来获取期货市场上价格波动带来的风险收益。相对而言，投机者承担风险的意愿更大。但无论是何种参与目的，都应将风险控制放在首位，结合自身实际制定出相应的交易策略和方案。

最后，充分了解棉花期货的价格的影响因素。供给和需求决定价格，故棉花产量库存变化数据、影响产量的因素以及替代产品价格变动对棉花价格的影响等都是棉花价格波动的因素。棉花期货投资者需要将常用分析方法与棉花期货的特点相结合才能发现投资机会获得收益。

自 测 题

一、填空题

1. 在借鉴国内外成功经验的情况下，我国在______推出棉花期货合约。

2. 期货市场是______的市场，所以它能形成最合理的均衡价格。

3. 郑商所实行保证金制、每日涨跌停板制、每日无负债结算制，通过指定的结算银行对会员每天的交易进行______清算。

4. 目前______是世界上唯一一家交易棉花期货和期权的交易所，是全球影响最大的棉花市场，近几年棉花期货年成交量相当于美国棉花总产量的17 至 20 倍。

5. 期货投资者应结合自身的投资需求及风险承受能力明确自己参与期货市场的目的，明确了参与目的后，方能制定合适的______。

6. 套期保值在现货市场上买进或卖出一定数量现货商品同时，在期货市场上卖出或买进与现货品种相同、数量相当、但方向相反的______，以一个市场的盈利来弥补另一个市场的亏损，达到规避价格风险的目的交易方式。

7. 价格发现功能需要有众多的投机者参与，集中大量的市场信息和充沛的流动性，而套期保值交易方式的存在又为______提供了工具和手段。

8. 由于期货合约价格的波动起伏，交易者可以利用______交易赚取风险利润。

9. ______是一个由43个棉花生产和消费国的政府组成（不含中国大陆）的组织，其发布的世界棉花生产、供应、需求及价格等信息对市场起到极其重要的指导作用。

二、选择题

1. 为转移现货市场固有风险，(　　)年纽约棉花交易所应运而生，并于当年推出棉花期货交易。

A. 1853　　B. 1870

C. 1873　　D. 1879

2. 统计显示，棉价上涨1000元/吨，我国纺织行业将提高成本55亿元左右，相当于2002年全行业利润总额的(　　)。

A. 14　　B. 15

C. 16　　D. 17

3. 棉花期货价格信息具有(　　)的特点，有利于增加市场透明度，提高资源配置效率。

A. 连续性　　B. 公开性

C. 随意性　　D. 预期性

4. 2009年，郑州棉花期货成交量在全球棉花品种成交量排名中稳居第(　　)位，并大有取代纽约期货的趋势。

A. 1　　B. 2

C. 3　　D. 4

5. 参与棉花期货交易的涉棉企业很多，套期保值的比例较高，一般在(　　)左右。

A. 35% ~40%　　B. 40% ~45%

C. 45% ~50%　　D. 30% ~40%

6. 某投资者在2009年9月初看好棉花期货，于是以13200元/吨的价格买入2手棉花期货1001合约；10月19日，以14520元/吨的价格再把棉花期货卖出来，相当于盈利1320元/吨，2手盈利13200元。正常情况下，按10%的保证金计算，2手所需要的投资额为(　　)元人民币。在不到两个月的时间里，棉花期价上涨了10%，该投资者盈利率达到了(　　)。

A. 10800　50%　　B. 14600　160%

C. 12600　80%　　D. 13200　100%

7. 在美国，参与棉花期货交易的涉棉企业很多，套期保值的比例较高，一般在(　　)。

A. 35% ~40%　　B. 80% ~90%

C. 60% ~70%　　D. 40% ~50%

8. (　　)年6月1日，棉花期货在郑商所上市交易，作为关乎国计民生的大宗农产品，棉花期货的上市为我国棉花产业的健康发展提供了有力保障。

A. 2003　　B. 2004

C. 2005　　D. 2006

9. 为(　　)，1870年纽约棉花交易所应运而生，并于当年推出棉花期货交易。

A. 追求价差　　B. 转移现固有风险

C. 套利　　D. 追求收益最大化

10. 棉花产量最高的国家有中国、美国、(　　)等。

A. 日本　　B. 新加坡

C. 墨西哥　　D. 印度

参考答案

一、填空题

1. 2004 年 6 月　2. 高度竞争　3. 集中　4. NYBOT
5. 交易策略　6. 期货合约　7. 规避风险　8. 价差
9. ICAC

二、选择题

1. B　2. C　3. ABD　4. B　5. A
6. D　7. A　8. B　9. B　10. D

第二章 棉花期货的标准合约

【本章要点】

本章主要介绍了郑州商品交易所（简称郑商所）的棉花期货标准合约，包括合约设计特点以及制度特点，并深入讲解棉花期货交易保证金和盈亏的计算，揭示郑商所棉花和美棉的价格联动情况以及期现的价格联动情况，为投资者深入了解棉花期货合约提供帮助。

一、棉花期货合约的内容是什么？

众所周知，期货合约是由期货交易所统一制定的、规定在将来某一特定的时间和地点交割一定数量标的物的标准化合约。

（一）郑商所的棉花期货标准合约

我国棉花期货合约是由郑商所制定的挂牌上市的品种之一。目前，郑商所准备推出两种棉花期货合约，一种是用于内地棉花交易的一号棉，另一种是用于新疆棉交易的二号棉。目前，国内只能交易一号棉，标的新疆棉的二号棉由于各种原因暂时还不能交易，它在交易单位、报价单位、最小变动价位、每日价格最大波动幅度、交易时间、最后交易日、交割日、最低交易保证金、交易手续费、交割方式等方面与一号棉花期货合约（见表2－1）均相同，但二号棉花期货的主要交割品在新疆，这是两者最本质的区别。本章中主要讨论的是一号棉交易规则。

表2－1　郑商所一号棉花期货标准合约

交易单位	5吨/手（公定重量）
报价单位	元（人民币）/吨
最小变动价位	5元/吨
每日价格最大波动限制	不超过上一交易日结算价±7%
合约交割月份	1、3、5、7、9、11月
交易时间	星期一至星期五　上午：9：00～11：30 （法定节假日除外）下午：1：30～3：00
最后交易日	合约交割月份的第十个交易日
交割日	合约交割月份的第十二个交易日
交割品级	基准交割品：328B级国产锯齿细绒白棉（符合GB1103－2007） 替代品及其升贴水，详见交易所交割细则
交割地点	交易所指定的棉花交割仓库
最低交易保证金	合约价值的5%
交割方式	实物交割
交易代码	CF
上市交易所	郑商所

期货合约的交易是有期限的，到合约最后交易日后就要交割，因此，期货合约就有主力合约与非主力合约之分。主力合约是成交量和持仓量最大的合约。主力合约有规律可循，以农产品来讲，与种植收获季节相关。目前，棉花期货主力合约主要集中在1、5、9三个合约，如CF1101、CF1105、CF1109。

期货市场是基于现货市场存在的，是对现货价格的一个预期，决定其必然存在实物买卖的问题，也就是所谓的“期货交割”，针对此交割会商议一个时间，在期货市场里这个时间通常被标准化了，这就是期货标准化合约。如郑州棉花期货2011年1月合约代码为CF1101，表示该合约的最后交易日和最后交割日在2011年1月的第十个交易日和第十二个交易日。

（二）纽约期货交易所棉花期货标准合约

纽约期货交易所棉花期货价格是全球涉棉企业套期保值、规避风险的场所，也是各国政府制定棉花政策时参考的主要依据。它的前身是成立于1870年的纽约棉花交易所，1998年和咖啡、糖、可可交易所合并后成为现在的纽约期货交易所。通过表2－2，我们可以看到在纽约期货交易所挂牌上市的棉花期货合约的设计情况。

表2－2　　纽约期货交易所棉花期货标准合约

交易单位	净重50000磅，约合100包（约合22吨）
交易时间	上午10：30～下午2：40
报价单位	美分/磅
合约月份	当前月份及接下来的23个月份，交易活跃月份：3、5、7、10和12
交易代码	CT
最小变动价位	价格<95美分/磅时：（1/100）美分/磅（1个点）； 价格≥95美分/磅时：（5/100）美分/磅（5个点）； 每点折合5美元/手
最后交易日	交割月最后交易日倒数第十七个交易日
第一通知日	交割月前一月的倒数第五个交易日
每日价格波动限制	不高于或低于上一交易日结算价3美分/磅 如果有合约结算价格等于或高于110美分/磅，所有合约的价幅限制改为4美分/磅；如果价格低于110美分/磅，仍执行3美分/磅的价格限制 第一通知日后及交割月没有价幅限制
持仓限制	交割月份：300张合约 其他月份：2500张合约 所有月份持仓总和：3500张合约
交割等级	质量：次中级（白色皮棉中有7个等级，次中级代码为41，符号为SLM） 长度：1～2/32英寸（代码为34）
交割地点	德克萨斯州（TX）：加尔威斯顿、休斯顿 路易斯安那州（LA）：新奥尔良港 田纳西州（TN）：孟斐斯 南卡罗莱纳州（SC）：格林威尔

（三）中、美棉花期货合约的对比

中、美棉花期货标准合约在设计思路及模式上是一致的，但基于两国计算单位、产品品种及地理位置等存在差别，在具体条款设计方面有所不同：(1) 合约品种不同；(2) 交易单位不同；(3) 最小变动价位不同；(4) 每日价格最大波动限制不同；(5) 最低交易保证金比例不同；(6) 合约交割月份不同；(7) 最后交易日不同；(8) 交割地点不同；(9) 交易手续费不同。

二、棉花期货合约的设计有哪些特点？

我国棉花期货合约有如下几个特点，了解这几个特点有助于我们认识棉花期货的基本属性，以便顺利完成期货交易。

（一）合约分类

郑州棉花期货合约的第一个特点是设计了一号和二号两种合约。为了妥善处理两个合约的接轨问题，防止逼仓风险，设计一号棉的标准仓单，用于二号棉合约替代交割时同等级升水 200 元/吨，交割时随货款一起结算。两个合约最本质的不同在于交割地的差异，因为棉花重要产地新疆的产量占全国比重很大，运输又存在时间成本和费用问题，作为一个合约存在时，交割有难度。

（二）合约时间贴水交割

郑商所设计的棉花期货合约规定，当年产（是指本年度生产的棉花）棉花标准仓单从次年 8 月合约交割起贴水 100 元/吨，以后贴水每月递增 100 元/吨，直到年底仓单退出为止。时间贴水概念在国内原有交易的期货品种中还没有出现过，是国内期货制度的一个创新。由于时间越长，贴水额越大，仓单持有者就会考虑，尽量不要把快到期的注册仓单放在仓库里承担时间贴水的损失。时间贴水制度能够有效地促使棉花尽可能快地流出期货市场，减轻到期仓单的集中注销带来的冲击。

（三）仓单公检

2010 年 8 月 11 日，郑商所向各会员单位、指定棉花交割库，转发了中国纤维检验局发布的《期货交割棉公证检验实施办法》。该实施办法共 49 条，分别就期货交割棉质量和数量的公证检验流程、中国纤维检验局及地方专业纤维检验机构（承检机构）的职责范围、仓库在进行公证检验时需配合的工作、“公证检验证书”的流转程序，以及仓库或货主对交割棉入库公证检验结果有异议的处理流程等作了详细规定。进入指定交割仓库的棉花由中国纤维检验局负责质量检验，并出具具有法律效力的质检证书，符合交割标的的棉花质检费由国家财政承担。

（四）交割地点设计

交割仓库的设置充分体现了大品种、大流通和放开交割的思想。棉花交割仓库均设置在主产区或集散地；分布在京广、陇海、京九等主要铁路干线上；内地仓库之间和新疆仓库之间均不设升贴水；库点分布相对集中，库容比较大。

三、棉花期货保证金制度是怎样规定的?

期货市场最显著的特点之一是实行保证金交易，正是这一特点体现了期货市场运行的高效率，但同时也注定了期货交易的高风险。保证金交易本身就是一个两难命题的产物，所以保证金制度的制定就需要在市场效率和市场风险管理之间进行平衡，保证金制度也就成为期货公司进行市场风险管理的核心内容。

（一）制度简介

在期货交易中，为确保履约提供的财力担保，任何一个交易者必须按照其所买卖期货合约价值的一定比例（通常为 5% ~10%）在其账户上缴纳少量资金，作为其履行期货合约的财力担保，然后才能参与期货合约的买卖。简单地说，“保证金”就是“定金”，但与现货交易不同的是买卖双方均需要缴保证金。然而正是保证金制度，期货交易才有了“杠杆效应”，在放大收益的同时也在放大风险。

按照交易所规则，期货合约的交易保证金标准按照该期货合约上市交易的“一般月份”（交割月前一个月份以前的月份）、“交割月前一个月份”、“交割月份”三个期间依次管理。一般月份棉花期货合约按持仓量的不同采取不同的交易保证金比例，具体见表2－3。

表2－3　　一般月份一号棉交易保证金比例

双边持仓量（N万手）	N≤30	30＜N≤40	40＜N≤50	N＞50
交易保证金标准	5%	7%	10%	12%

交割月前一个月份期货合约按上旬、中旬和下旬的不同，分别适用不同的交易保证金标准，具体见表2－4。

表2－4　　交割月前一个月一号棉交易保证金比例

交割月前一个月		
上旬	中旬	下旬
8%	15%	25%

交割月份所有品种的期货合约交易保证金标准均为30%。

（二）保证金的计算

交易保证金是指会员在交易所专用结算账户中确保期货合约履行的资金，是已被期货合约占用的保证金，它又可分为初始保证金和追加保证金两类。初始保证金是交易者新开仓时所需交纳的资金。它是根据交易额和保证金比率确定的，即初始保证金等于交易金额调保证金比率。我国现行的最低保证金比率为交易金额的5%，国际上一般在3%～8%之间。郑商所的棉花保证金比率为10%，如果某客户以13500元/吨的价格买入1手棉花期货合约（每手5吨），那么，必须向交易所支付6750元（即13500×5×10%）的初始保证金。

【案例 2－1——如何计算棉花期货交易中的保证金】

某月某日长江期货一投资者账户内存有 50 万元资金，次日，他以 15000 元/吨价格卖出 20 手棉花期货合约（每手 5 吨）。假定交易所期货合约的保证金比率为 10%，交易手续费是每手 10 元。试问：该投资者的保证金是否足额？当其结算价下跌至 13500 元/吨，投资者账户还有多少资金余额？

1. 该投资者的保证金是否足额，计算过程为如下：

交易费 = 10 × 20 = 200（元）

保证金 = 15000 × 5 × 20 × 10% = 150000（元）

此时，账面剩余：500000 － 150000 － 200 = 349800（元）

所以，此时保证金充足。

2. 当结算价下跌至 13500 元/吨，投资者账户资金余额的计算过程为：

不考虑交易费用：1 吨棉花盈利 = 15000 － 13500 = 1500（元）

投资者盈利总额 = 1500 × 20 × 5 = 150000（元）

平仓后账面剩余资金 = 保证金 + 账面剩余 + 盈利总额 = 150000 + 349800 + 150000 = 649800（元）

（三）保证金的追加

交易者在持仓过程中，会因市场行情的不断变化而产生浮动盈亏（结算价与成交价之差），因而保证金账户中实际可用来弥补亏损和提供担保的资金随时可能发生增减。浮动盈利将增加保证金账户余额，浮动亏损将减少保证金账户余额。保证金账户中必须维持的最低余额叫维持保证金。我国的期货公司通常将维持保证金比率设为 0.75。当保证金账面余额低于维持保证金时，交易者必须在规定时间内补充保证金，使保证金账户的余额大于结算价乘以持仓量再乘保证金比率，否则在下一交易日，交易所或代理机构有权实施强行平仓。这部分需要新补充的保证金就叫追加保证金。

【案例 2－2——追加保证金的计算】

仍按上例，假设客户以 13500 元/吨的价格买入 5 吨棉花后的第三天，棉花结算价下跌至13000元/吨。由于价格下跌，客户的浮动亏损为2500元，即（13500－13000）×5，客户保证金账户余额为4250元，即6750－2500，由于这一余额小于维持保证金5062.5元，即13500×5×10%×0.75，客户需将保证金补足至6750元，即13500×5×10%，需补充的保证金2500元，即6750－4250，即为追加的保证金。

四、如何计算浮动和实际盈亏？

（一）计算浮动盈亏

结算机构根据当日交易的结算价，计算出期货经纪公司未平仓合约的浮动盈亏，确定未平仓合约应付保证金数额。浮动盈亏的计算方法是：浮动盈亏＝（当天结算价－开仓价格）×持仓量×合约单位－手续费。如果是正值，则表现为多头浮动盈利或空头浮动亏损，即多头建仓后价格上涨表明多头浮动盈利，或者空头建仓后价格上涨表明空头浮动亏损。如果是负值，则表明多头浮动亏损或空头浮动盈利，即多头建仓后价格下跌表明多头浮动亏损，或者空头建仓后价格下跌表明空头浮动盈利，如果保证金数额不足维持未平仓合约，结算机构便通知期货经纪公司在第二天开市之前补足差额，即追加保证金，否则将予以强制平仓。如果浮动盈利，期货经纪公司不能提出该盈利部分，除非将未平仓合约予以平仓，变浮动盈利为实际盈利。

（二）计算实际盈亏

平仓实现的盈亏称为实际盈亏。期货交易中绝大部分的合约是通过平仓方式了结的。多头实际盈亏的计算方法是：

盈/亏＝（平仓价－买入价）×持仓量×合约单位－手续费

空头盈亏的计算方法是：

盈/亏＝（卖出价－平仓份）×持仓量×合约单位－手续费

当期货币场出现风险，某些期货经纪公司因交易亏损过大，出现交易保证金不足或透支情况。结算系统处理风险的流程如下：

（1）通知期货经纪公司追加保证金；

(2) 如果保证金追加不到位，首先停止该期货经纪公司开新仓，并对该期货经纪公司未平仓合约进行强制平仓；

(3) 如果全部平仓后该期货经纪公司保证金余额不足以弥补亏损，则动用该期货经纪公司在交易所的结算准备金弥补亏损；

(4) 如果仍不足以弥补亏损，则以转让该期货经纪公司的期货经纪公司资格费和席位费弥补；

(5) 如果仍不足以弥补亏损则动用交易所风险准备金，同时向该期货经纪公司进行追索。

五、纽约棉花期货合约与郑州棉花期货合约的关系怎样？

与国内郑州棉花期货合约相比，纽约棉花期货标的、交易单位、最小变动价位、波动幅度、保证金比率、最后交易日等方面都存在不同。由于标的物品质不同，根据郑商所相关规定，进口棉不能进行仓单注册进行交割。

尽管中、美棉花期货在很多地方不一样，但由于用途相同，且近年来中国进口需求扩大，中、美棉花期价关系越来越紧密。选取 WIND 资讯提供的 2010 年 1 月 4 日 ~2010 年 7 月 9 日郑商所的棉花期货主力合约价格和 NYBOT 的棉花期货主力合约价格进行统计分析。

根据图 2-1，可以得出：相关性和协整检验都能说明中美两个棉花期货市场价格之间的稳定关系。而表 2-5 中的格兰杰因果检验则说明：(1) 美国棉花期货价格是中国棉花期货价格的格兰杰原因；(2) 中国棉花期货价格也是美国棉花期货价格的格兰杰原因。

表 2-5　　格兰杰因果关系检验

零假设	F 统计量	P 值
AC 不是 CF 的 Granger 原因	5.86672	0.0037
CF 不是 AC 的 Granger 原因	4.51043	0.0130

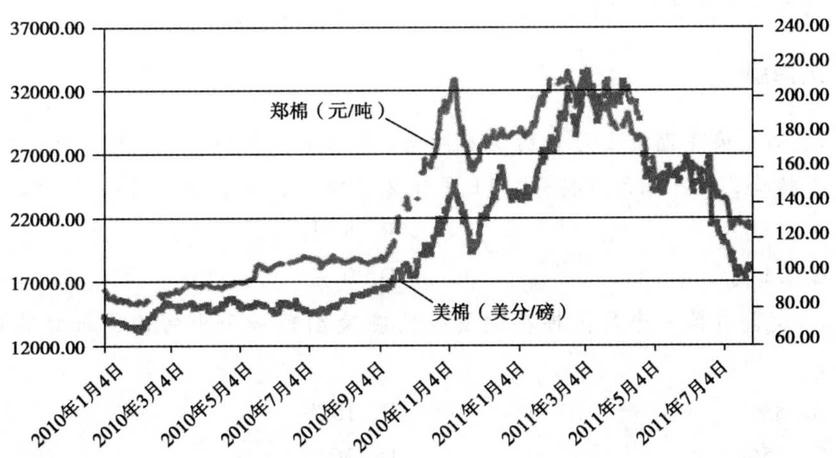

图 2－1　中、美棉花期货市场走势关系分析

自　测　题

一、填空题

1. 凡未能按时交纳交易保证金者，交易所有权对其持有的合约______，直至保证金可以维持现有持仓水平。

2. 若连续三个交易日出现同方向单边市，交易所可以休市______。

3. 交易所为了防止市场风险过度集中于少数交易者，以及为了防范操纵市场行为，对投资者的______进行限制的制度。

4. ______是指交易所规定期货公司或投资者可以持有的、按单边计算的某一合约投机持仓的最大数量。

5. 国内棉花期货的交易单位______。

6. 我国棉花期货的上市交易场所是______。

7. 郑州期棉合约最小变动价位______。

8. 郑商所设计的棉花期货合约规定，当年产（是指本年度生产的棉花）棉花标准仓单从次年 8 月合约交割起贴水______元/吨，以后贴水每月递增 100 元/吨，直到年底仓单退出为止。

9. ______前一个月份期货合约按上旬、中旬和下旬的不同，分别适用不同的交易保证金标准。

二、选择题

1. 郑州棉花期货1月合约5万持仓，3月1.5万持仓，5月3万持仓，7月1万持仓，9月0.5万持仓，11月0.2万持仓，主力合约是(　　)。

A. 1月　　B. 5月

C. 11月　　D. 9月

2. 交割月前一个月份棉花期货合约在交割前一个下旬的保证金收取比率为(　　)。

A. 8%　　B. 15%

C. 25%　　D. 30%

3. 当某一棉花期货合约在某一交易日收盘前(　　)分钟内出现只有停板价位的买入（卖出）申报、没有停板价位的卖出（买入）申报，或者一有卖出（买入）申报就成交、但未打开停板价位的情况，称为涨（跌）停板单方无报价（以下简称单边市）。

A. 1　　B. 2

C. 3　　D. 5

4. 棉花期货交易规则中，若某一交易日出现单边市，则当日结算时该期货合约交易保证金比例提高(　　)。第二个交易日的价幅在原价幅基础上自动扩大(　　)（只向停板方向扩大）。

A. 50%，50%　　B. 50%，0

C. 0，50%　　D. 50%，25%

5. 某月某日某投资者账户内存有50万元资金，次日，他以15000元/吨价格卖出20手棉花期货合约（每手5吨）。假定交易所期货合约的保证金比率为10%，交易手续费是每手10元。当其结算价下跌至13500元/吨，投资者账户还有(　　)元资金余额。

A. 659800　　B. 549800

C. 649800　　D. 669800

6. 郑商所的棉花保证金比率为10%，如果某客户以13500元/吨的价格买入1手棉花期货合约（每手5吨），那么，他必须向交易所支付6750元

（即 13500 ×5 ×10%） 的(　　)。

A. 维持保证金　　B. 初始保证金

C. 手续费　　D. 权利金

7. 假设客户以 13500 元/吨的价格买入 5 吨棉花后的第三天，棉花结算价下跌至 13000 元/吨。由于价格下跌，客户的浮动亏损为 2500 元，即小于（13500 - 13000） ×5，客户保证金账户余额为 4250 元，即 6750 - 2500，由于这一余额小于维持保证金 = 13500 × 5 × 10% × 0. 75 = 5062. 5 元，客户需将保证金补足至 6750 元，即 13500 ×5 ×10%，需补充的保证金 2500 元，即 6750 - 4250，就是(　　)。

A. 平仓保证金　　B. 追加保证金

C. 亏损金额　　D. 盈利金额

8. 棉花期货实行集中交割，采用三日交割法。交割日，交易所收取买方期货经纪公司全额货款，并于当日将全额货款的(　　)划转给卖方期货经纪公司，同时将卖方期货经纪公司仓单交付买方期货经纪公司。余款在买方期货经纪公司确认收到卖方期货经纪公司转交的增值税专用发票时结清。发票的传递、余款的结算，期货经纪公司均应当盖章和签字确认。

A. 80%　　B. 75%

C. 60%　　D. 90%

9. 平仓实现的盈亏称为(　　)。

A. 实际盈亏　　B. 浮动盈亏

C. 虚拟盈亏　　D. 平仓盈亏

参考答案

一、填空题

1. 强行平仓　　2. 一天　　3. 持仓量　　4. 限仓

5. 5 吨/手（公定重量）　　6. 郑州商品交易所

7. 5 元/吨　　8. 100　　9. 交割月

二、选择题

1. A　2. C　3. D　4. A　5. C

6. B　7. B　8. A　9. A

第三章 棉花的生产

【本章要点】

本章主要介绍棉花的生产情况。内容主要包括对国内棉花生产的历史、现状以及国内外棉花生长阶段作出介绍。同时，通过对影响棉花产量的因素以及棉花产销情况的介绍，帮助棉花期货投资者了解棉花的生产基本情况。

一、在棉花特性、品质方面投资者需关注的知识有哪些？

从物理形态上棉花可以分为籽棉与皮棉，从棉颗上摘下来的棉花叫籽棉，而经过加工去籽后叫皮棉，棉花的产量一般是指皮棉的产量。根据棉花加工用机械的不同，分为锯齿棉和皮辊棉。根据棉花纤维特性的不同可以分为细绒棉、粗绒棉和长绒棉。另外，也可以根据棉花颜色分为白棉、黄棉、灰棉及彩色棉；从棉花等级的不同分为高等棉花与低等棉花。而郑州商品交易所（以下简称郑商所）的棉花期货的标准交割品为328级国产锯齿细绒白棉。

（一）我国主产的棉花类型和国标中棉花质量主要考核指标

按长度来分，棉花分为长绒棉和细绒棉，细绒棉的长度一般在 25～31 毫米，长绒棉的长度在 33 毫米以上。我国所产原棉约 99% 为细绒棉。正常成熟的细绒棉，色精白、洁白或乳白，纤维柔软有丝光，长度 23～33 毫米，单纤维强力 3.3～5 克，细度 4500～6400 米/克，棉籽肥大，着生有灰白色短绒。

国标中棉花质量的主要考核指标有：品级、长度、马克隆值、回潮率、含杂率和危害性杂物。

（二）中、美棉花在品级和长度上规定的差异

美国的棉花标准在世界上有着重要的影响，并为 24 个国家和地区所使用，其标准也被称为万国棉花标准。在棉花品级和长度上与我国现行标准有很大的差异，主要区别如下：

1. 美棉标准没有“品级”这一标准，颜色由“色泽级”来决定。

按颜色由高到低美棉分为白棉、淡点污棉、点污棉、淡黄染棉、黄染棉等 5 个颜色等级。我国企业一般只进口白棉中的中高等级。在白棉中，棉花又分为 7 个等级，据有关部门推算，这七个等级基本上和我国的 1～7 级大致相对应（见表 3－1）。

表 3－1　“美国白棉标准”和“中国国棉标准”简明对照

美国棉花标准			中国国棉标准
全称	简称	美国农业部代码	等级
Good Middling	G. M.	11	1
Strict Middling	S. M.	21	2
Middling	Mid	31	3
Strict Low Middling	S. L. M.	41	4
Low Middling	L. M.	51	5
Strict Good Ordinary	S. G. O.	61	6
Good Ordinary	G. O.	71	7

2. 长度划分等级具有差异。

美国棉花长度是以1/32英寸（0.794毫米）为级距，分为19个级。我国是按1毫米为级距，划分了7个长度级。美棉棉花长度的表示方法采用的是上半部平均长度，我国以棉花的主体长度表示。但两种表示方法的结果具有极高的相关性（相关系数0.99）。表3-2是1/32英寸的计量单位换算为公制长度的对照表。

表3-2 美棉长度划分等级表准

美棉代码	长度（1/32英寸）	长度（毫米）	美棉代码	长度（1/32英寸）	长度（毫米）
24	13/16以下	19.05	36	1~1/8	28.58
26	13/16	20.64	37	1~5/32	29.37
28	7/8	22.23	38	1~3/12	30.16
29	29/32	23.02	39	1~7/32	30.96
30	15/16	23.81	40	1~1/4	31.75
31	31/32	24.61	41	1~9/32	32.54
32	1	25.40	42	1~5/16	33.34
33	1~1/32	26.19	43	1~11/32	34.13
34	1~1/16	26.99	44	1~3/8	34.93及以上
35	1~3/32	27.78			

二、我国棉花生产的历史和现状是怎样的？

中国棉花生产有着悠久的历史，在种植方面已积累了丰富的经验。近代科学技术突飞猛进，育苗技术和种植工艺的革命又极大推动了中国棉花生产。最近几年，中国棉花价格大起大落，种植面积忽大忽小，不仅影响了棉农的种棉积极性，也对涉棉企业造成一定的冲击。对棉花期货市场参与者而言，了解中国棉花种植的历史和现状，对作出正确的投资建议具有重要参考意义。

（一）我国棉花生产的历史

我国是世界上种植棉花历史最悠久的国家之一。据公元前2世纪的《尚书》记载，海南岛上的居民在当时就已经种植棉花了。到公元前1世纪，海南岛居民已经可以织广幅布。这是关于棉花生产和利用的最早的文字记载。

宋代之前，长江流域和黄河流域没有大量种植棉花。宋末元初，棉花从南北两路传入内地。元世祖用强制办法要求农民种棉花，并用棉布实物交税，棉花开始得到大规模种植。到明代，长江流域和黄河流域已经普遍种棉，并取代丝麻成为人民衣着的主要来源。清末，中国又陆续从美国引进了陆地棉良种，替代了质量不好产量不高的非洲棉和亚洲棉。20世纪40年代，美国细绒棉已大量在中国种植。新中国成立后，政府组织大规模更换棉种活动，淘汰了亚洲棉。20世纪50年代，新疆引进了长绒棉。

（二）我国棉花生产的现状

中国成立后的60年间，棉花生产布局发生过几次变化。目前，我国棉花生产相对集中，主产省为新疆、河南、山东、河北、江苏、湖北，其产量约占全国总产80%。受价格的影响，中国棉花播种面积每年的变化是比较大的。价格高了，农民就多种；低了就少种，而且这种面积的调整幅度比较大，这也增加了年度之间的价格波动幅度。1949年后的60多年中，有39年棉花生产变化大于10%，其中22年超过20%，大多波动在10%以上。棉花的产量和质量直接决定了棉花现货和棉花期货标准仓单的供应量，是影响棉价的重要因素。

自20世纪80年代以来，中国棉花生产发展迅速，棉花产量连年增长，一跃成为世界第一产棉大国。伴随着世界经济全球化的深入发展，中国农业经济不可避免地融合到世界经济发展之中，成为世界农业经济的一个重要组成部分。与此同时，与竞争激烈的国际棉花市场相比，我国棉花生产所面临的国际挑战越来越严峻。因此，不容忽视的问题还很多：我国棉花品种品质不优，不能适应国际市场的需要，我国除新疆棉区有少量的长绒棉外，黄河、长江流域均种植的是绒长28～29毫米的普通陆地棉，纤维强力较低。我国棉花产量很低，棉农植棉效益低下，除新疆棉区及长江流域极少地区亩产达100千克以外，还有相当部分棉花亩产仅在60千克以下。棉农种棉不如种粮，有的将棉田改为粮田。我国棉花生产机械化程度低，生产效率低、成本高，我国棉农生产棉花基本靠传统原始的人工耕种、采摘，机械化程度较低，生产效率低下，成本攀高，处于保本微利，在棉花市场低迷的情况下，甚至出现亏本等。我国棉花加工质量低下，浪费了大量棉花资源。商品棉异型纤维含量高，原棉产品一致性差，同级棉不同批次、不同棉包产品等级有差异，难以满足现代棉纺织工业的要求。

三、世界主要产棉区的分布情况是怎样的?

棉花是世界上最主要的农作物之一，产量多、生产成本低，具有较好的经济效益，也是增加农民收入的有效途径之一。棉花是纺织工业的主要原料，是出口创汇的重要商品，也是广大人民群众不可缺少的生活必需品，此外，棉花在国防、医药、汽车工业等方面也有重要的用途，可以说，棉花的生产、流通、加工和消费都与一国经济的发展息息相关，因此很多国家对棉花生产都非常重视。

(一) 世界棉花主产区分布情况概述

从世界范围看，棉花产地主要分布于亚洲、非洲、北美洲、南美洲和欧洲等热带及其他温暖地区，是种植较广而集中度相对较高的大田经济作物。全球有 100 多个国家种植棉花，亚洲和北美洲占全球种植面积的 80% 以上。

亚洲是全球最大的产棉洲，产量占全球的 70% 。主产国有中国、印度、巴基斯坦、乌兹别克斯坦和土耳其，产量占全球的一半、占亚洲的 95% 。北美洲是全球的第二大产棉洲，产量占全球的 18% 上下。主产棉国有美国和墨西哥，零星种植还有萨尔瓦多、危地马拉和尼加拉瓜等。非洲是全球第三大产棉洲，产量占全球的 7% 以下。虽然产棉国（地）多达近 50 个，但各国的产量均不大，最大的是北非的埃及，产量最高 53 万吨；其次是布基纳法索，最高产量 38 万吨，马里 26 万吨，苏丹 22 万吨。南美洲产量约占全球的 3% 以下，主棉国有巴西、阿根廷和巴拉圭等。大洋洲只有澳大利亚种植棉花，产量约占全球的 1% 以下，但全部都出口。

迄今，全球棉花形成了 4 大相对集中产区。第一集中产区在亚洲大陆的南半部，包括中国、印度、巴基斯坦、中亚和部分西亚国家，其面积和产量占全球的 70% 以上；第二集中产区在美洲的南部，产量占全球的 17% ，是世界最大的出口区，但所占比例不断下降；第三集中产区在拉丁美洲，产量占全球的 7% 以下；第四集中产棉区在非洲，产量占全球的 7% 以下。

（二）我国棉花主产区分布的区域与省份

我国宜棉区域广阔，根据棉花对生态条件的要求，结合棉花生产特点，以及棉区分布状况、社会经济条件和植棉历史，将全国划分为三大棉区：长江中下游棉区（包括上海、浙江、江苏、湖北、安徽、四川、江西、湖南等地）、黄河中下游棉区（包括河南、河北、山东、山西、陕西等地）和西北内陆棉区（包括新疆和甘肃等地）。我国棉花产量排在前八名的省、自治区分别是新疆维吾尔族自治区、河南省、山东省、江苏省、湖北省、河北省、安徽省、湖南省，其中新疆产量占全国30%左右，河南产量占全国15%左右。

四、棉花生长周期一般可以分为哪几个阶段？

（一）我国棉花生长的周期划分

棉花从播种出苗到第一个棉铃成熟吐絮约需120天。我国棉花生产一般分为播种期、苗期、蕾期、花铃期和吐絮期（见图3－1）五个阶段，具体划分情况见表3－3。

表3－3 我国棉花的生长阶段

时期	生长阶段
播种出苗期	从棉籽播种到有50%的子叶出土并展开，称为播种出苗期。一般在4月中、下旬播种，经7～15天出苗
苗期	从出苗到棉田有50%棉株出现第一个幼蕾称为苗期，早熟品种25～30天，中熟品种40～50天。时间为4月底、5月初至6月上中旬
蕾期	从现蕾到50%棉株开第一朵花叫蕾期，25～30天，蕾期一般处于当地的6月上中旬至7月上旬
花铃期	从开花到有50%棉株第一个棉铃吐絮叫花铃期，需50～60天。花铃期多处于7月上旬到8月中旬的气候环境中，是营养生长与生殖生长两旺时期，有70%以上的干物质在花铃期形成。是决定棉花产量高低的关键时期，也是棉田管理的重点时期
吐絮期	从开始吐絮到收花结束为吐絮期。约70天，一般在8月中、下旬开始吐絮，9月为吐絮盛期，10月中、下旬到11月初基本收花完毕。棉铃积累的干物质约占此期积累量的90%以上，此期所需肥水显著减少

图 3－1　棉花生长阶段

（二）世界其他主要产棉区棉花生长周期的划分

气候条件对农业生产有重要影响，受地理纬度、海陆分布、地形和洋流等因素影响，全球各地区棉花生长周期有很大不同。从生长期来看，世界主要棉花生产国棉花的生长期见表 3－4。

表 3－4　　世界棉花主产国棉花生长期表

地区	播种（月份）	采摘（月份）	地区	播种（月份）	采摘（月份）
贝宁	6/7	10/12	印度	4/7	10/3
布基纳法索	6/7	10/12	巴基斯坦	5/6	10/12
喀麦隆	6/7	10/12	塔吉克斯坦	4/7	9/12
乍得	6/7	10/12	土库曼斯坦	4/7	9/12
埃及	2/3	9/12	乌兹别克斯坦	4/7	11/2
几内亚科纳克里	6/7	10/12	希腊	4/5	10/12
象牙海岸	6/7	10/12	西班牙	3/4	9/11
马里	6/7	10/12	土耳其	4/5	9/11
尼日利亚	5/6	11/2	以色列	3/4	9/11
坦桑尼亚	10/12	6/7	美国	4/5	10/12
多哥	6/7	10/12	巴拉圭	10/11	3/5
乌干达	4/7	11/2	阿根廷	10/12	3/7

五、我国棉花生产受哪些自然因素影响?

棉花的生长育期较长，且有着自身的生长规律，掌握这些规律并为棉花生长提供好的环境，对提高棉花产量和质量具有重要意义。

（一）自然因素对棉花种植的影响

在种植面积一定的情况下，影响棉花产量和质量的因素主要有：

1. 土壤条件：棉花是深根作物，需要深厚的活土层，耐旱而忌渍涝，轻度耐碱。为了更好的满足棉花对土壤条件的要求，一方面要加深耕层、改良土壤、搞好高产稳产农田基本建设；另一方面还要采取松土、施肥、排渍、灌水等耕作措施，随时调节土壤的水、肥、气、热等状况，以改善棉花根系活动的环境。

2. 需肥规律：棉花在不同生长时期对氮、磷、钾的需要量也不同，所以，植棉者应严格按照棉花在不同的生长时期对肥料的需求，科学施肥。

3. 需水规律：棉花的生命活动是和水紧密联系在一起的，缺水干旱固然不行，但水涝的害处更大。棉花在各生育阶段对土壤水分条件的要求不同，必须掌握棉花各生育阶段的田间耗水量以及适宜的田间持水量，以便适时采取灌水、排水、松土保墒、晒土放墒等措施，使棉田保持最佳供水状态，免除旱、涝灾害。

4. 空气条件：棉花的生长需要大量的氧气和二氧化碳，必须为棉田创造良好的通风条件，以促进棉花根部及上部的生长，防止落铃、烂根。

5. 温度条件：棉花在生长、发育的各阶段都有其需要的适宜温度条件，过高或过低都对棉花产量带来很大影响。

6. 日照条件：阳光既是光合作用的动力，又是地面上的热量来源。合理密植，改善棉田的光照条件，对棉花的生长发育极为重要。

7. 病虫害：棉花生育期比较长，且具有无限生长的习性。在棉花的生长过程中，常会遭受到多种病虫害的侵袭。我国已发现的棉花病害有 40 多种，危害最严重的是棉花枯萎病和黄萎病，其次是棉花的苗期病害。我国棉区分布辽阔，自然条件差异大，棉花害虫种类繁多。据记载我国棉花害虫已知的有 300 多种，其中主要的有 20 ~ 30 种，最重要的有 15 种之多。所以，加强棉花田间管理，防止或减少棉花病虫害的发生，对棉花的优质、高产有着重要的作用。

8. 冰雹等天气灾害：在棉花的整个生长及收获期，如遇冰雹、台风等灾害，将严重影响棉花的产量甚至绝产。

此外，棉种的选择及植棉者的管理生产经验也将影响棉花的产量。

延展阅读：花铃期是夺取棉花高产、优质的关键

花铃期是夺取棉花高产、优质的关键。从开花至吐絮这一段时间，一般从 7 月上旬到 8 月底、9 月初。花铃期处于经济产量形成过程中，占有决定性位置，是营养生长与生殖生长两旺时期，有 70% 以上的干物质在花铃期形成，是决定产量和品质的关键时期。此阶段根据其生育特性又分为初花期和盛花结铃期。花铃期是棉花一生中需水最多的时期，棉株对水反应敏感，如水分失调，代谢过程受阻，大量蕾铃脱落，并引起早衰，严重影响棉花生育进程。因此，花铃期是夺取棉花高产、优质的关键。这一阶段也常常是天气炒作的阶段。

（二）天气影响棉花生产的程度分析

2003 年新棉上市后棉价之所以大涨，很重要的一个因素是天气恶劣，在收获期雨量过多。在种植面积一定的情况下，2004/2005 年度我国棉花产量取决于棉花亩产量，因此，从历年的情况来看，8～10 月份天气情况，是决定棉花产量和质量的关键因素，也是投资棉花期货要关注的首要因素。

棉花是陆续开花、结铃，陆续成熟、吐絮的作物。吐絮期是指开始吐絮到枯霜来临、生育结束的一段较长的时间。一般在 8 月下旬、9 月初开始吐絮，持续 70～80 天，是棉纤维生长发育的主要阶段。阴雨连绵加重棉花烂铃，冷秋年份使棉花贪青迟熟，纤维发育不良等。在开始吐絮时，伏桃正在逐渐成熟，秋桃正在形成、长大，棉株的营养生长已衰退，生殖生长逐渐缓慢，根系吸收能力日渐下降，这时需要有充足的日照、较高的温度和较低的湿度，以加速碳水化合物的转化，促进脂肪和纤维素的形成，并加速铃壳干燥，有利于棉铃开裂，吐絮。10 月中下旬的初霜，按照历史记录，大概霜期每提前和退后一天会影响产量一个百分点。8～10 月份天气晴好或阴雨连绵，都会影响棉花的产量、质量，进而影响可供交割量，影响价格。

【案例 3－1——天气对产量和价格的影响】

2003 年 9 月份天气阴阳连绵，气温下降，对棉花后期生长仍不太有利，新棉上市继续推迟，单产和品级都明显下降。主产区中，仅新疆、河北、山东部分地区率先在 9 月初开始采摘和零星收购，直到下旬前后，其他地区才陆续开秤。哄抬价格、争抢资源的情况屡见不鲜，加上棉农惜售，导致收购价格高开且呈稳步上扬态势，市场秩序较为混乱。当月内地新棉收购主体品级为 3～4 级，平均长度 28 毫米，平均衣分 36%～37%；标准级皮棉平均收购价格在 640 元/担上下；新疆收购主体品级为 1～2 级，平均长度 29 毫米，平均衣分 39%～40%，129 级皮棉平均收购价 620 元/担上下。远高于农发行规定的收购贷款上限。

2003 年 10 月份，尽管仍不时受不利天气困扰，主产棉区仍相继进入大规模采摘、收购阶段，收购价格一路上扬。上旬，国内大部分地区再次遭遇低温阴雨，尤其是长江流域的新棉采摘被迫推迟。进入中下旬后，随着天气的好转，长江流域地区全面采摘，新疆及黄河流域棉区籽棉采摘渐入尾声。争抢资源、哄抬价格、惜售等情况在当月表现仍较为突出。当月内地新棉收购主体品级为3～4级，平均长度28～29毫米，平均衣分35%～38%；标准级皮棉平均收购价格在850元/担，较9月上涨210元/担；新疆收购主体品级为2～3级，平均长度29毫米，平均衣分37%～39%，皮棉平均收购价794元/担，较9月上涨174元/担。

六、我国棉花单产及产量情况如何？

棉花是人民生活的必需品，也是重要的工业原料和军用物资。在国民经济发展中起着重要的作用，国际国内需求量很大。因此，稳步提高棉花单产与总产量水平对保证国内供给稳定事关重大。此外，在农业生产中，棉花种植效益比较高，可以说种植棉花是农民发家致富的好途径。通过分析单产与产量水平，有助于我们在了解我国棉花生产现状的基础上为棉农生产提供指导性建议。

（一）我国棉花产量情况分析

20世纪80年代以前，由于生产条件落后，我国棉花单产水平较低，总产量基本在250万吨以下。20世纪80年代以后，由于实行联产承包责任制，农民种植棉花的积极性被调动起来，产量迅速提高，1984年，我国棉花产量创历史之最，达626万吨。20世纪90年代以后，我国棉花生产比较稳定，年产量基本在500万吨左右。目前，棉花产量维持在700万吨左右。农业部制定的“十一五”期间我国棉花的生产目标是，面积稳定在8500万亩，单产由目前的每亩75公斤提高到80公斤以上，生产能力达到700万吨以上，棉花自给率保持在60%～70%（见图3－2）。

（二）我国棉花单产情况分析

我国的棉花单产由于地域、气候等原因存在小幅差异，其中西北地区尤其以新疆棉花的单产较高，而黄河流域则较低，但总体上我国的单产在不断的提高。尤其近些年，由于政策扶持和科技力度加强，我国棉花单产水平提

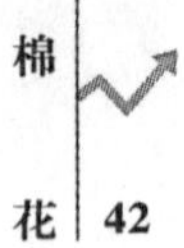

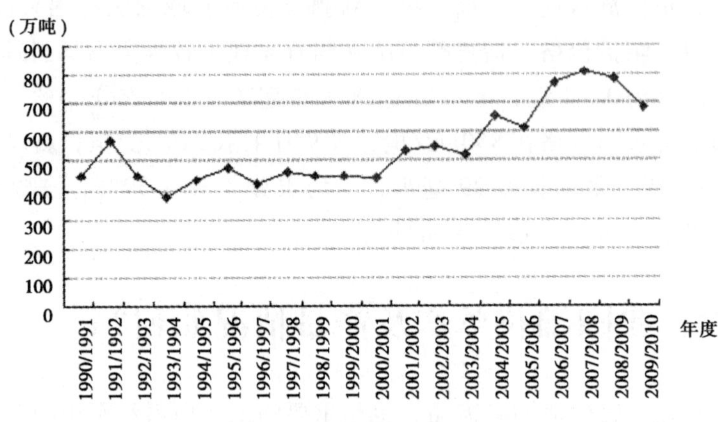

图 3－2　近 20 年我国棉花产量走势图

升较快。据统计近 20 年来，我国棉花单产从 1985 年的 53 公斤提高到 2005 年的 75 公斤，年均增长 2.0%；2006 年主产区棉花平均单产 85.1 公斤，比 2005 年提高 10.1 公斤，增幅 13.8%；2008 年三大棉区棉花单产达到 90.07 公斤/亩，同比提高 1.37%；2010 年受天气影响，我国棉花单产及中产量出现了小幅下滑。我国三大产棉区棉花单产情况见图 3－3。

延伸阅读：九江地区棉花亩产千斤

据媒体报道，在 2006 年我国已有大部分地区的棉花单产达到 81 公斤/亩；可喜的是 2009 年 10 月 30 日九江市政府网站报告该市湖口县武山镇连片 111.9 亩棉花通过中国棉花研究所组织的专家现场测产，测定亩平均成铃 92193 个，实测亩平均单产 1014.12 斤，创造了长江流域、黄河流域两大棉区百亩棉花种植籽棉亩产超千斤的最新纪录。该试验结果，让人们看到了长江、黄河流域籽棉单产提高的巨大潜力。

七、新中国成立以来我国棉花产量情况发生了怎样的变化？

20 世纪 80 年代以前，由于生产条件落后，棉花单产水平较低，总产量

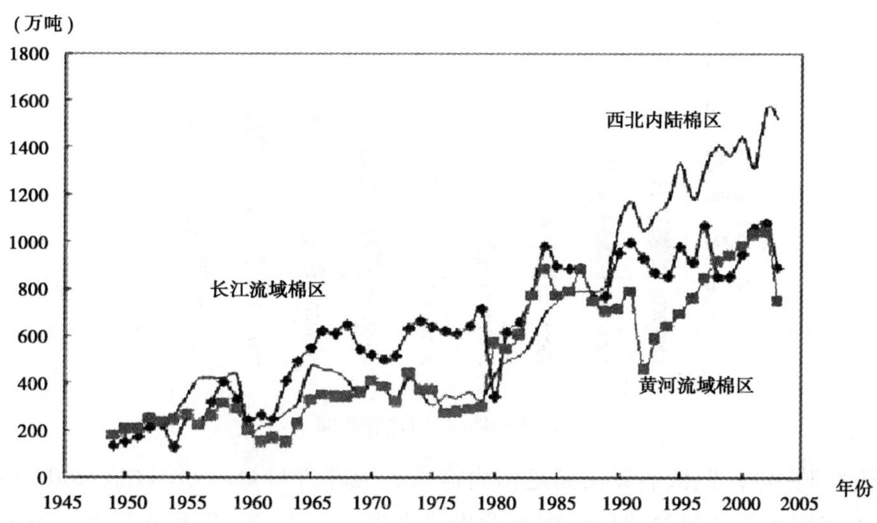

图 3－3　我国三大产棉区棉花单产情况

基本在 250 万吨以下（1973 年产量 256.2 万吨）。由于产量较小，国内市场供不应求，年进口棉花量较大，1979 年棉花进口量曾达 91.89 万吨。

1980 年以后，由于实行联产承包责任制，棉花生产的积极性被调动起来，产量迅速提高，到 1984 年，棉花产量创历史之最，达 626 万吨，而当时的消费能力只有 300 万吨左右，市场出现了相对过剩。1985 年以后，我国棉纺工业发展很快，到 1989 年，年棉花消费量达到 400 万吨左右，而同时棉花生产出现滑坡，1989 年棉花产量只有 379 万吨，当年棉花进口量达 40 万吨。

20 世纪 90 年代初，我国棉纺工业发展较快，国内棉花供不应求，曾经大量进口棉花。1994 年，我国采购棉花的举动曾经导致纽约棉花交易所棉花期货价格连涨七个停板。1995 年以后，棉花年产量比较稳定，受东南亚金融危机的影响，棉纺织品出口量下降，国内纺织用棉减少，因此进口量下降。

21 世纪初，纺织品出口形势好转，纺织用棉量增加，但由于国内棉花产量较大，库存较多，因此进口量并未大幅增加。从 2005 年开始，我国纺织企业出口加速增长，棉花需求量稳步提升，虽然期间棉花产量得到提升

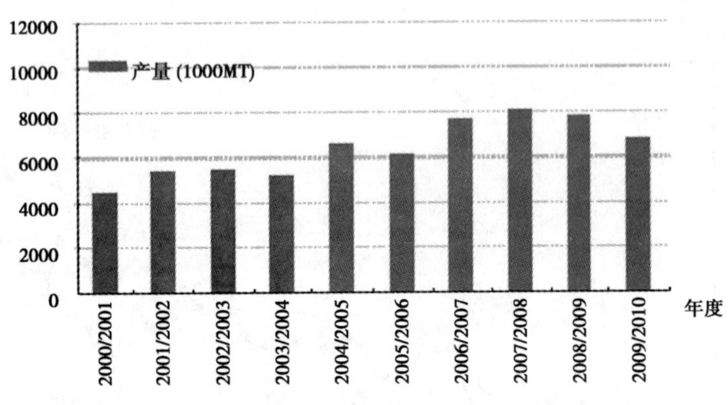

图 3－4　我国棉花产量

(见图 3－4)，但依然无法满足国内需求，棉花进口量稳步增加。2007 年爆发的美国次贷危机给我国纺织企业出口带来巨大冲击，但在棉花生产量同步下降的背景下，依然需从国际市场进口以弥补国内供求缺口。

自　测　题

一、填空题

1. ____________是以全国 200 余家大中型纺织企业的棉花实际到厂价为计算基础，反映发布日前三日的国内 328 级棉花到国内纺织企业的综合平均价格水平。

2. 棉花从播种出苗到第一个棉铃成熟吐絮约需____________天。棉花生产一般分为播种期、苗期、蕾期、花铃期和吐絮期五个阶段。

3. ____________是指开始吐絮到枯霜来临、生育结束的一段较长的时间。一般在 8 月下旬、9 月初开始吐絮，持续 70～80 天，是棉纤维生长发育的主要阶段。

4. ____________处于经济产量形成过程中，占有决定性位置，是营养生长与生殖生长两旺时期，有 70% 以上的干物质在花铃期形成，是决定产量和品质的关键时期。

5. 棉花的____________和____________直接决定了棉花现货和棉花期

货标准仓单的供应量，是影响棉价的重要因素。

6. 我国的棉花单产由于地域、气候等原因存在小幅差异，其中西北地区尤其是____________棉花的单产较高。

7. 一般在 8 月下旬、9 月初开始吐絮，持续 70 ~ 80 天，是____________生长发育的主要阶段。

8. 棉花从播种出苗到第一个棉铃成熟吐絮约需____________天。

9. 美棉标准没有____________这一标准，颜色由“色泽级”来决定。

10. 亚洲是全球最大的产棉洲，产量占全球的____________。

二、选择题

1. 在种植面积一定的情况下，影响棉花产量和质量的因素主要有(　　)。

A. 气象灾害，如雨涝、冰雹、干旱等

B. 病虫害，如棉花枯黄萎病、棉花铃病、各种虫害等

C. 购买能力，如棉价与收入水平比较等

D. 经济周期，如经济复苏周期等

2. 我国宜棉区域广阔，根据棉花对生态条件的要求，结合棉花生产特点，以及棉区分布状况、社会经济条件和植棉历史，将全国划分为三大棉区：(　　)。

A. 长江中下游棉区（包括上海、浙江、江苏、湖北、安徽、四川、江西、湖南等地）

B. 黄河中下游棉区（包括河南、河北、山东、山西、陕西等地）

C. 西北内陆棉区（包括新疆和甘肃等地）

D. 两广地区（包括广东、广西及福建部分地区）

3. 某日美棉 SJV GM 1 - 1/8′的棉花价格为 60 美分/磅 CNF 中国主港，粗略换算成人民币价格为(　　)。

A. 9700 元/吨　　B. 108000 元/吨

C. 12800 元/吨　　D. 14600 元/吨

4. 国际棉花贸易的定价方法主要有(　　)。

A. 固定价格　　B. 过夜实盘定价

C. 买方选择定价　　　　D. 卖方选择定价

5. 世界棉花出口量排在前五位的国家分别是(　　)和叙利亚，占全球棉花出口总量的65.1%。

A. 美国、乌兹别克斯坦、澳大利亚、希腊

B. 美国、乌兹别克斯坦、澳大利亚、赞比亚

C. 美国、乌兹别克斯坦、中国、赞比亚

D. 美国、印度、澳大利亚、赞比亚

参考答案

一、填空题

1. 中国棉花信息网的CC Index棉花指数　2. 120　3. 吐絮期　4. 花铃期　5. 产量，质量　6. 新疆　7. 棉纤维　8. 120　9. 品级　10. 70%

二、选择题

1. AB　2. ABC　3. A　4. ABCD　5. A

第四章 棉花的贸易

【本章要点】

贸易是棉花产业链上重要的一环，在棉花产业链中占有重要的地位。本章在介绍我国棉花对外贸易、进出口变动以及我国棉花贸易政策等基本情况的基础上，对全球棉花进出口国家分布、棉花国际贸易定价方法等内容也进行了简要阐述，可以帮助投资者熟悉棉花贸易环节，为其分析棉花市场动态提供参考。

一、我国棉花的进出口状况如何？

我国是世界上最大的棉花生产和消费国，也是世界上最大的纺织品和服装生产国，更是世界纺织品和服装第一出口大国，约占全球纺织品服装出口总额的30%左右。基于这样的国情，棉花进出口贸易在我国对外贸易中一直占据重要地位，备受关注。认清我国棉花外贸状况，对帮助投资者分析棉花供求状况、预测未来价格走势有重要意义。

（一）我国棉花进口状况

我国籽棉产量、单产水平很高，植棉面积也很大，但我国棉纺织行业对棉花的需求量亦非常巨大，以至于多数年份供不应求，从而需要进出口贸易来加以弥补。

从图 4－1 可以看出，2000～2002 年我国棉花出口量约为 40.5 万吨，整体出口量较小，这时期我国棉花对外贸易主要体现在出口方面。从 2003 年开始，随着我国加入世贸组织及国内棉花消费需求的增长，我国棉花外贸方向发生逆转，棉花进口量急剧增加，2003 年达到 95.4 万吨，较 2002 年增长 358.7%。2005 年我国棉花进口数量达到历史峰值约 390 万吨，约为 2004 年的 2 倍。2006 年由于国内棉花供给量增加、新滑准税率提高外棉价格等原因，进口量较 2005 年下降了 41.5%。2008 年受美国次贷危机引发的全球金融海啸影响，我国纺织企业受到较大冲击，棉花需求减少，棉花进口也相应回落至最近几年的相对低位水平。之后，随着经济复苏的加快及外贸环境的整体改善，棉花进口再次出现稳步上升态势。

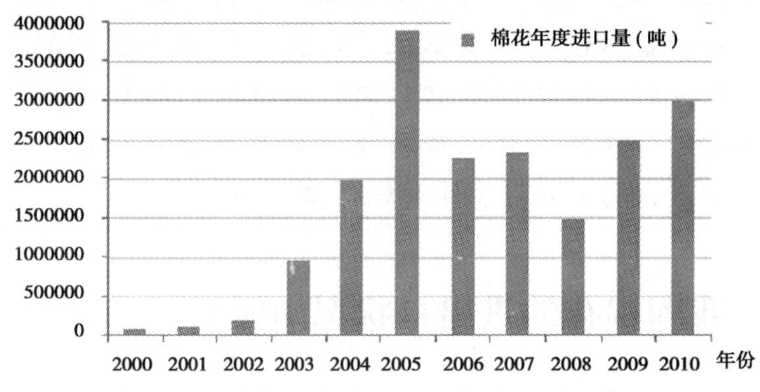

图 4－1　2000 年以来我国棉花年度进口量

（二）我国棉花出口状况

棉花出口贸易曾经在我国棉花对外贸易中占据主导地位，但自 2003 年我国加入世贸组织以后，我国棉花外贸方向就发生了逆转。

从图 4 - 2 可以看出，1995 年以来，我国棉花出口经历了一个变化显著的变化过程。1998 年以前，由于产量有限，我国棉花出口量很小。随着我国棉花种植品种和技术的改良，棉花产量迅速增大，加之受东南亚金融危机的影响，国内纺织用棉减少，最终导致棉花出口数量随之增加，并于 2000 年达到出口顶峰值 29.25 万吨。2001 ~ 2003 年，虽然总体出口数量较大，但年度间出口量波动幅度很大。从 2004 年开始，我国棉花出口状况发生急剧变化，出口量重新回到 1995 ~ 1996 年的水平，出口量的减少主要源于在产量稳步提升的同时，我国棉花加工企业迅速壮大，纺织用棉迅速增加导致棉花产销缺口加大。

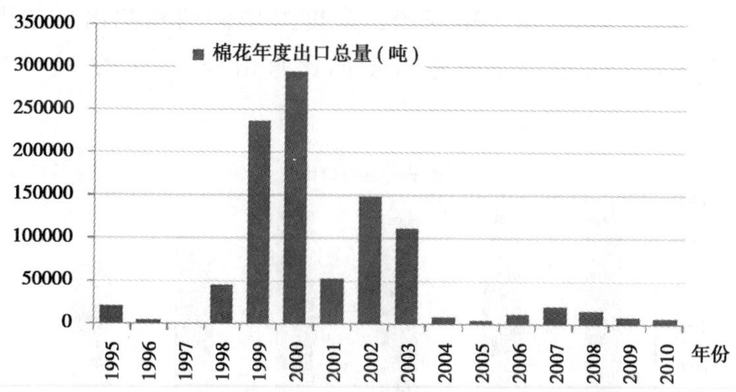

图 4 - 2　1995 年以来我国棉花出口情况

因此，整体而言，当前我国棉花贸易的产业格局特征是：出口以原棉、废棉为主，规模上很小；进口主要为原棉，进口量大，并已成为我国棉花对外贸易中的主导方向。可以相信，未来的棉花市场竞争将更加激烈，优胜劣汰的市场竞争将对国内的流通渠道进行一次彻底的洗盘。

二、我国棉花贸易伙伴国都分布在哪些地域?

棉花是纺织品的重要原料之一，中国棉花消耗量约占世界的 35%，在中国是仅次于油籽的第二大经济作物，作为世界最大的棉花生产国、消费国和进口国，中国的产棉量约占世界总产量的 24%，尽管如此，国内棉花生产无法满足国内纺织业发展的巨大需求，必须要从国外进口来弥补产需缺口。

自从加入世贸组织以来，我国棉花贸易伙伴国数量增加，进口趋于分散，相对而言，美国、乌兹别克斯坦及澳大利亚是我国棉花进口三个最大的来源国。与此同时，印度、贝宁及巴西等国在我国进口中的地位也逐步提升。

根据图 4－3，自 2005 年以来，我国从美国进口的棉花一直占据我国棉花进口总量的 30% 以上，其中 2006 年更是达到约 46.9% 的历史峰值，2008 年以后，该比重相对出现较大幅度回落，但依然占据我国棉花进口的 1/3 强（见图 4－3）。而自 2006 年开始，印度对中国的棉花出口量则一直保持稳步增长态势，占中国棉花进口量的比重由 2006 年的 16.3% 增长至 30.6%。

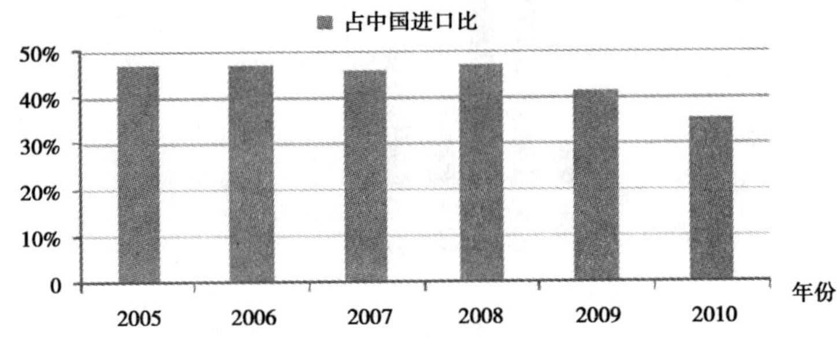

图 4－3 2005～2010 年美国出口占我国棉花进口比重

整体而言，基于国内棉花供给缺口的存在，近些年中国棉花出口量较少，其对我国棉花贸易的影响也较小。在出口国家、地区分布上，日本一直是中国第一大出口市场，我国香港、台湾地区及韩国等也是我国棉花出口的传统市场。与此同时，朝鲜、印度尼西亚、泰国等东盟国家在我国棉花出口中占比有上升态势，并对传统出口分布格局产生一定影响。

三、世界主要棉花进、出口国的分布情况如何？

棉花是纺织工业的主要原料。全球棉花贸易量从 20 世纪 50 年代的

295.4万吨增加到本世纪头10年的739.9万吨，增长1.5倍。回顾棉花贸易走过的历程，很明显发现：全球棉花贸易及其生产、消费格局与结构调整、市场变化紧密相关。下面具体阐述全球棉花进出口国分布及变化情况。

（一）世界棉花出口国分布

20世纪60年代以来，全球棉花出口国家和地区从20世纪50年代的31个增加到2010年的84个，主要出口原产地是美国、中亚、非洲、澳大利亚、印度和巴西等。除非洲作为传统出口市场外，近10年来，棉花出口国逐渐向美国、印度、乌兹别克斯坦、澳大利亚和巴西集中。最近五年，美国出口229万吨，占全球份额的35.4%；印度出口94万吨，占全球份额的14.4%；乌兹别克斯坦出口84万吨，占全球市场份额的12.9%；澳大利亚出口41万吨，占全球市场份额的6.3%；巴西出口48万吨，占全球市场份额的7.3%，上述五国出口量占全球市场份额的76.4%，加上非洲主要是西非所占份额的15.7%，占全球份额的92.21%。

美国：全球最大的棉花出口国，长期占据全球霸主地位，左右全球市场，是我国最大的进口棉来源地。出口量从20世纪50年代的98.8万吨上升到本世纪头10年的277.8万吨，增长1.8倍；出口占同期全球的比重从33.3%上升到37.5%，增长3.9个百分点，期间20世纪70年代和80年代比重下降。本世纪美国采取出口补贴政策，使出口竞争力显著提高，出口份额提高到37.5%，近5年，美国出口229万吨，占全球份额下降到35.4%，这与美国大力发展生物能源，棉花种植面积减少有关。

中亚：为全球第二大出口地，20世纪50年代出口量为31.3万吨，占全球市场份额的10.6%；20世纪70年代达到最高的223.5万吨，增长6.1倍，占全球出口量的39.2%；20世纪80年代出口量略下降到218.8万吨，占全球份额的34.5%。最近20年，乌兹别克斯坦出口量为105.7万吨和82.1万吨，占全球份额的18.0%和11.0%；近5年乌兹别克斯坦出口量为84万吨，占全球份额提高到12.9%。

非洲：自用棉比率低，出口比重高。从最近60年看，自用率最低为20世纪80年代的10.8%，最高为20世纪50年代的20.6%。出口量最少为20世纪50年代的63.1万吨，最高为本世纪头10年的116.3万吨。出口量占本地产量的比例 20 世纪 50 年代最高为 84.1%，20 世纪 80 年代最低为 56.2%，20 世纪 90 年代上升到 62.1%，21 世纪头 10 年为 76.0%。非洲的棉花出口国主要位于西非和北非地区的埃及，埃及曾经是全球产棉和棉花出口大国之一。

印度：20 世纪 90 年代以来，其棉花出口跃升至十万吨级达 10.5 万吨，近 10 年出口 55.3 万吨，占全球市场份额的 7.5%，同比增长 5.8 个百分点，出口增长 4.3 倍。近 5 年出口更是跃升百万吨级，平均出口 94 万吨，占全球份额的 14.4%，为全球仅次于美国的第二大出口国，也是中国主要进口来源地。印度棉花出口的迅速增加，主要源自科技兴棉，引进美国转基因抗虫棉品种，增加投入，单产水平得以大幅度提高，种植面积进一步扩大。

巴西：出口不稳定。20 世纪 60 年代受益于经济高速增长，出口最高达 24.5 万吨，仅次于美国和埃及，然而在 20 世纪 80 年代到 20 世纪 90 年代，经济发展停滞不前，出口也大幅下滑。进入 21 世纪，虽然遭到美国补贴的打压，近几年生产恢复加快，出口 48 万吨，占全球份额的 7.3%。

（二）世界棉花进口国分布

从棉花进口地看，全球棉花进口目的地从 20 世纪 50 年代的 42 个增加到最近 10 年的 98 个，其中 20 世纪 90 年代多达 106 个，表明纺织业在全球扩张，从事纺织业的国家和地区增多，也有部分地缘政治因素。全球棉花进口大致分为两个阶段：前 30 年以欧洲为主，进口量占全球份额从 67.5% 下降到 47.4%，那时欧洲全球棉花的进口和纺织消费中心；后 30 年以亚洲为主，进口量占全球的份额从 51.8% 增加到 71.4%，现在亚洲已成为全球棉花的进口、纺织和消费中心。

亚洲：从 20 世纪 50 年代到本世纪头 10 年，亚洲进口量从 86.8 万吨增加到 507 万吨，占同期的全球份额也由 29.4% 上升到 71.4%，增加了 42 个百分点。同时，亚洲还是全球棉花的集中产区，拥有中国、印度、巴基斯坦和乌兹别克斯坦等生产和出口大国，是全球棉花消费中心。自 20 世纪 80 年代起，全球纺织业逐步向亚洲转移，近十年亚洲因此成为全球最大的纺织服装生产基地，亚洲原棉消费量占全球 75%。亚洲内部，20 世纪 80 年代日本、韩国、中国台湾、中国香港等国家和地区进口量大，是当时的纺织新兴产业地。日本本世纪头10年比50年代进口量下降69.9%，进口占全球份额从17.3%下降至2.1%。韩国近10年保持较高进口量，为26.5万吨，但所占份额出现较大回落，占全球份额降为3.5%。中国近10年纺织工业快速发展，棉花进口量占全球30.3%，消费量占全球40.1%，加工量占全球35.3%，纺织品服装出口占全球的30.3%，均位居全球首位。同时，人口众多的埃及、巴基斯坦、印度尼西亚、孟加拉、土耳其等国，凭借劳动力资源和低成本优势也在大力发展纺织行业，因而亚洲成为全球原棉进口最大地区。

欧洲：从20世纪50年代到本世纪头10年，欧洲原棉进口量从199.4万吨降至104万吨，减幅47.9%，占同期的全球市场份额也由67.5%下降到14.6%，减少54个百分点。与20世纪50年代相比，近10年主要进口国德国、法国、英国进口量分别下降了76.8%、96.5%和81.7%，进口占全球的份额德国为1.1%，法国为0.7%，英国为0.1%。在欧洲国家中唯有意大利保持较高、稳定的进口量和市场份额。

四、世界主要棉花出口国棉花质量情况如何？

世界棉花出口量排在前五位的国家分别是美国、乌兹别克斯坦、澳大利亚、希腊和叙利亚，占全球棉花出口总量的65.1%。美国棉花分四个棉区，西部棉区、西南棉区、中南棉区、东南棉区。从质量上看，西部棉区质量最好，中南棉区次之，东南棉区的棉花又好于西南棉区。棉纤维长度基本在33～38（代码）之间，以34、35、36（分别折合26.99毫米、27.78毫米、28.57毫米）的居多。机采棉占绝大部分，颜色洁白，有自己的国家标准（美国陆地棉国际通用标准，简称美棉国际通用标准）。近年来，美国棉花自用量逐年减少，绝大部分用于出口。澳大利亚棉花靠灌溉生长，机械收花，锯齿轧花，没有自己的国标，使用美棉国际通用标准。棉纤维长度以34～36（代码）居多，颜色洁白，稍差于美国西部棉花，好于美国总体质量水平。澳棉90%以上用于出口，自用量非常少。乌兹别克斯坦的棉花生长靠灌溉，生产的棉花有两类，即长绒棉和细绒棉，以细绒棉为主。品级以中级居多，长度在34～35（代码）之间居多，没有自己的国家标准，在出口贸易中，习惯性做法是凭样品成交。希腊的棉花生长靠灌溉，品级普遍高于美国，人工采摘和机采各占一半，棉花洁白，长绒棉较多。希腊棉有自己的标准，但对外销售时有时也使用美棉国际通用标准。叙利亚90%以上的棉田为灌溉棉区，生产的棉花均为细绒棉，目前基本以手摘棉为主，95%左右为锯齿机加工，棉花品质均匀，精亮洁白，等级较高，长度在34、35（代码）居多。叙利亚棉花虽有国家标准，但出口时，习惯仍沿用凭样品成交。

五、"一般贸易"情况下进口棉花是怎样定价的？

在"一般贸易"情况下，根据"棉商"报的某个品种CNF价格①，进口棉花价格换算成人民币成本计算如下：

1. 海运保险费：按目前的水平海运保险费一般为CNF价的千分之二至千分之四左右。

2. 进口关税：报关发票金额的1%。

3. 增值税：关税完税后的13%。

4. 港口费用：它包括港建、港杂费，海关三检费，掏箱费，还箱费，商检费等。虽然各个港口水平会有些差异，但基本上每吨成本不会超过200元人民币。

5. 进口代理费：根据目前国家有关规定，一般贸易必须通过指定公司，如"中纺棉花进出口公司"对外订购并换领进口许可证，进口企业需支付1%的代理费。

6. 内运费：依棉花使用地和港口的距离而不同。进口企业应根据实际铁路运费或公路运费计算。

【案例4-1——"一般贸易"情况下进口棉花的定价】

某日美棉SJV GM 1-1/8′的棉花价格为60美分/磅CNF中国主港，粗略换算成人民币价格为：

---

① CNF价格是成本加上运费后形成的价格。

票金额：0.60×2204.62=1322.77美元/吨（1吨=2204.62磅）

运保险费：1322.77×0.002=2.65美元/吨

进口关税：1322.77×0.01=13.22美元/吨

增值税：（1322.77+13.32）×0.13=173.68美元/吨

港口费用：200元人民币/吨

进口代理费：1322.77×0.01=13.23美元/吨

合计人民币价格（汇率按1美元=6.21元人民币）为：（1322.77+2.65+13.22+173.68+13.23）×6.21+200=9673.67元/吨。

六、国际棉花贸易的定价方法有哪些？

国际棉花贸易的定价方法主要有四种：固定价格，过夜实盘定价，买方选择定价，卖方选择定价。下面分别对这四种定价方式进行阐述：

（一）固定价格

固定价格指的是棉花进口户或棉农根据棉商报价，双方经协商在当日确定一个固定的价格作为成交价格，这种形式是最简单的价格确定方式，也是中国进出口企业最常用的贸易订价方式。

（二）过夜实盘定价

理论上，棉商所报棉花价格都是经期货市场上进行了套期保值，并以最近日的纽约期货收盘价为基础计算出来的。如果棉花进口用户提出的理想进口价位低于棉商报价，在这种情况下，进口用户可以给棉商一个过夜有效实盘买价（Overnight Firm Bid），由于纽约期货交易的时间在北京时间的夜间，棉商可利用期货交易中的价格波动做到一个更好的价格。同样的道理，棉农也可以给棉商一个过夜有效的实盘卖价，从而卖出一个更好的价格。通常来讲，棉商一般都非常欢迎这种做法，因为这种做法可以帮助棉商避免第二天期货市场出现突然的暴涨、暴跌所带来的损失。而对于进口用户和棉农，这种做法有机会使他们获得一个更好的价格，当然也可能因期货出现暴涨、暴跌从而丧失了前一天低价或高价的机会。

（三）买方选择定价

买方选择定价是指买方根据棉商的当日报价，只和棉商确定某一个品种的棉花现货价格和纽约期货市场相对应的交易月份期货价格的价差。这种合同只确定了价差，并确定了除价格外的所有其他条款，对双方有法律约束力，只是没有完成合同价格的最终确定。因此一般在交货月份前一个月以前的任一天买方都有权根据当日期货价确定现货合同的最终价格（方法为期货价＋价差）。因为是买方根据期货价确定最终现货价格，因此，这种做法叫买方选择定价。

对于买方选择定价，一般是大家对期货市场看跌的时候采纳。买方不愿按照目前高价成交，但担心市场真的跌下来以后，所需品种的棉花不随着期货下跌的幅度而下跌（即现货的跌幅小于期货）；或者是该品种棉花因期货下跌而停止报价，所以买不到。例如，某品种棉花在某日报价为 60 美分/磅，当日期货收盘价为 55 美分；两个月以后，期货价格下跌到 40 美分（下跌了 15 美分），该品种现货由于农民惜售，价格为 50 美分（只下跌了 10 美分）。在这种情况下，用棉企业采用“买方选择定价”方法是有利的。按照刚才的例子，如果买家采用此法，即确认按比期货高 5 美分的价差成交，当期货跌到 40 美分时，买家定价为 45 美分。另一种情况，即在市场下跌的情况下停止报价的现象也是非常普遍的，最直接的例子就是中国棉花的出口：由于中国棉花的出口成本是固定的（例如 60 美分），当期货下跌后，中国棉花的报价就会在市场上撤出。如果一家工厂既需要用中国棉花，但它又对市场看跌，则该工厂就可以向棉商以“买方选择定价”的方法购买：棉商在市场高价时向中国出口公司购买，然后在期货市场套期保值，并按合理价差卖给用户，期货下跌后，用户确认价格，棉商平掉期货合同，这种做法对棉商没有任何损失，用户也得到了实惠。

（四）卖方选择定价

卖方选择定价在原理上和买方选择定价没有区别，只不过是定价的最终决定人由买家变成卖家。这种做法更适合于棉农售棉时大家普遍对市场看涨的情况。

七、我国棉花现行贸易政策有哪些?

加入世贸组织之前，我国棉花进出口由国家统一来进行安排，由国家核准企业经营，国家鼓励纺织企业使用国产棉加工和生产，对加工贸易管理严格。这个时期棉花进出口业务主要由中纺棉花进出口公司、新疆自治区棉麻公司新疆农垦进出口股份有限公司来经营。为适应市场化的要求，我国1999年对棉花进行了新一轮流通体制改革，棉花购销价格开始由市场形成，在流通体制改革的十年中，棉花贸易方式发生了很大的改变：一是供需双方自由棉花贸易往来；二是棉花进口贸易大幅增加；三是出现中远期棉花现货贸易方式以及棉花期货的交易；四是国家吞吐量储备机制日益健全。棉花进出口体制改革取得一定成效，但与棉花生产和贸易的需求相比，还存在着一定的差距，包括与世界贸易组织《农业协议》中存在的不相适应之处。

（一）关税政策

中国和美国关于中国加入世界贸易组织的双边协议主要内容介绍：棉花进口实行配额管理，配额内的进口税为1%，超过配额部分的税率由2000年的76%减至2004年的40%。每年配额中有67%给予有权进行交易的非国有贸易公司。协议中还规定中国要取消棉花出口补贴，对国内棉花生产流通中的补贴也要逐步取消。2003棉花年度开始（2003年9月1日起），国家又增加年度配额50万吨，2004年2月国家又新增配额100万吨（见表4－1）。

表4－1　　棉花关税及配额一览表

年度	关税配额数量（万吨）	配额内关税（%）	国有企业（比例%）	私有企业（比例%）	配额外关税（%）
2002	81.85	1	33	67	54.4
2003	85.625	1	33	67	47.2
2004	89.4	1	33	67	40.0

注明：此表根据《中美关于中国加入WTO的协议》的相关内容整理得出。

棉花进口配额的发放由国家发改委负责，分为两类管理：加工贸易和一般贸易。规定以加工贸易配额方式进口的棉花不能再交易，只能用于企业的生产加工。以一般贸易进口的棉花要申请配额。原国家计委公布申请棉花进口配额（一般贸易）的单位条件如下：（1）国营贸易企业；（2）具有国家储备职能的中央企业；（3）有一般贸易进口实绩的企业；（4）纺纱设备5万锭以上的棉纺企业。国内目前具有进口资格的国营贸易企业有五家，即中纺进出口总公司、北京纺织品进出口公司、天津纺织品进出口公司、上海纺织品进出口公司和中储棉总公司。

（二）滑准税政策

为满足国内需求，同时考虑国情，从2004年开始，我国对关税内配额外进口的一定数量棉花，适用滑准税形式暂定关税。经过市场的不断检验后，目前对关税内配额外进口的一定数量棉花以滑准税方式确定暂定关税税率，税率滑动范围为5%～40%。通过滑准税政策可保持滑准税下的商品价格在国内市场保持相对稳定，尽可能减少国际市场价格波动的影响。

八、如何确定滑准税下的进口棉价?

随着我国的棉花需求加大，配额下的棉花难以满足国内需求。根据国家相关规定，关税配额外的进口棉花按“有数量限制的暂定关税生产率”征收进口关税。而滑准税的征收方式，国家相关部门每年都将公布一次。

下面列举近年的滑准税征收方式：

（一）2005年滑准税政策

当进口棉花价格高于或等于10029元/吨时，暂定关税税率为5%；当进口棉花价格低于10029元/吨时，暂定关税税率按以下公式计算：

$Ri = INT\{[Pt/(Pi \times E) - 1] \times 1000 + 0.5\}/1000$（$Ri \leq 40\%$）

关税 $= Ri \times Pi \times E$

其中，Ri——暂定关税税率，当Ri按上式计算值高于40%时，取值40%；E——美元汇率；Pi——关税前价格（美元/吨）；Pt——常数，为

10531，即 10029 × （1 + 5%）；INT——取整函数。

（二）2006 年滑准税政策

根据海关总署关于对《中华人民共和国进出口税则》的税目、税率进行调整的公告内容，2006 年对配额外进口一定数量的棉花（税号 52010000），实行 5% ~40% 的滑准税，但对基准价和目标价进行了调整，当进口棉花完税价格高于或等于 10746 元/吨时，暂定关税税率为 5%；当进口棉花完税价格低于 10746 元/吨时，按暂定关税税率计算。

（三）2007 年滑准税政策

《2007 年关税实施方案》中规定，对配额外进口的一定数量棉花实行 6% ~40% 滑准税。具体方式是：1. 当进口棉花完税价格高于或等于 11397 元/吨时，暂定关税税率为 6%；2. 当进口棉花完税价格低于 11397 元/吨时，暂定关税税率按以下公式计算：

$$Ri = INT[(Pt / (Pi \times E) + a \times Pi \times E - 1) \times 1000 + 0.5] / 1000 (Ri \leqslant 40\%)$$

关税税款 = $Ri \times Pi \times E$

其中，Ri——暂定关税税率，当 Ri 按上式计算值高于 40% 时，取值 40%；Pt——常数，为 8800 元/吨；Pi——关税完税价格；CIF 价格，单位为“美元/吨”；E——美元汇率；α——常数，为 2.526%；INT——取整函数（即小数点后面的数一律舍去）。

（四）2008 年滑准税政策

对配额外进口的一定数量棉花实行 5% ~40% 滑准税，对滑准税率低于 5% 的进口棉花按 570 元/吨从量税计征。具体方案如下：

1. 当进口棉花完税价格高于或等于 11397 元/吨时，按 570 元/吨计征从量税；

2. 当进口棉花完税价格低于 11397 元/吨时，暂定关税税率按下式计算：

$$Ri = 8.686/Pi + 2.526\% \times Pi - 1 \ (Ri \leqslant 40\%)$$

对上式计算结果四舍五入保留 3 位小数。其中，Ri——暂定关税税率，当 Ri 按上式计算值高于 40% 时，取值 40%；Pi 为关税完税价格，单位为"元/吨"。

从近几年的政策来看，2008 ~ 2011 年的滑准税基准价、汇率及计算方法与 2008 年、2009 年和 2010 年相同。

【案例 4 - 2 ——滑准税下进口棉价的计算】

若某日美国 EMOT M 报价为 150 美分/磅，2011 年 1 月份棉花进口汇率为 6.65。首先计算它的完税价格：150 × 6.65 × 2204.62 × 0.01 = 21991 元/吨，在 1% 关税下的价格应为：21991 × （1 + 1%） × （1 + 13%） = 25098 元/吨；在滑准税下，由于 21991 > 11397，因此加上关税、增值税和港口费用相当于：（21991 + 570） × （1 + 13%） = 25493 元/吨。

若 2011 年某日美国 EMOT 报价为 74 美分/磅，按滑准税计算方式，首先计算它的完税价格：74 × 6.8280 × 2204.62 × 0.01 = 11139 元/吨，在 1% 关税下的价格应为：11139 × （1 + 1%） × （1 + 13%） = 12712 元/吨；在滑准税下，由于 11139 < 11397 ，则先计算其滑准税税率取三位小数 8686/11139 + 2.526% × 11139/1000 - 1 = 0.061 = 6.1% 因此加上关税、增值税和港口费用相当于 11139 × （1 + 6.1%） × （1 + 13 %） = 13355，则 74 美分/磅的到岸价折合为 13555 元/吨（以上计算未加上港口费用）。

自 测 题

一、填空题

1. 中国棉花信息网的________棉花指数，它是以全国 200 余家大中型纺织企业的棉花实际到厂价为计算基础，反映发布日前三日的国内 328 级棉花到国内纺织企业的综合平均价格水平。

2. 中国和美国关于中国加入世界贸易组织的双边协议主要内容介绍：棉花进口实行配额管理，配额内的进口税为________，超过额部分的税率由 2000 年的 76% 减至 2004 年的 40%。每年配额中有 67% 给予有权进行交易的非国有贸易公司。

3. ________选择定价在原理上和买方选择定价没有区别，只不过是定价的最终决定人由买家变成卖家。这种做法更适合于棉农售棉时大家普遍对市场看涨的情况。

4. 中国棉花交易市场的棉花撮合交易价格，是棉花现货的________价格。

5. 理论上，棉商所报棉花价格都是经期货市场上进行了________，并以最近日的纽约期货收盘价为基础计算出来的。

6. 希腊棉花生长靠灌溉，品级普遍高于美国，以人工采摘和机采各占一半，棉花洁白，长绒棉较多。希腊棉有自己的标准，但对外销售时有时也使用________。

7. 叙利亚90%以上的棉田为灌溉棉区，生产的棉花均为细绒棉，目前基本以手摘棉为主，95%左右为锯齿机加工，棉花品质均匀，精亮洁白，等级较高，长度在34、35居多。叙利亚棉花虽有国家标准，但出口时，习惯仍沿用________。

8. 从2004年开始，我国对关税内配额外进口的一定数量棉花，适用________形式暂定关税。

9. 美国棉花分四个棉区，西部棉区、西南棉区、中南棉区、________棉区。

10. 我国是世界上最大的棉花生产和消费国，也是世界最大纺织品和服装生产国，更是世界纺织品和服装第一出口大国，其中纺织品出口约占全球纺织品服装出口总额的________左右。

二、选择题

1. 世界棉花出口量排在前五位的国家分别是美国、乌兹别克斯坦、澳大利亚、希腊和叙利亚，占全球棉花出口总量的(　　)。

A. 46%　　B. 50%

C. 65.1%　　D. 63.6%

2. 美国棉花分(　　)等棉区。从质量上看，西部棉质量最好，中南棉区次之，东南棉区的棉花又好于西南棉区。

A. 西部棉区　　B. 西南棉区

C. 中南棉区　　D. 东南棉区

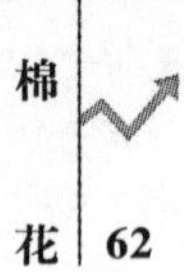

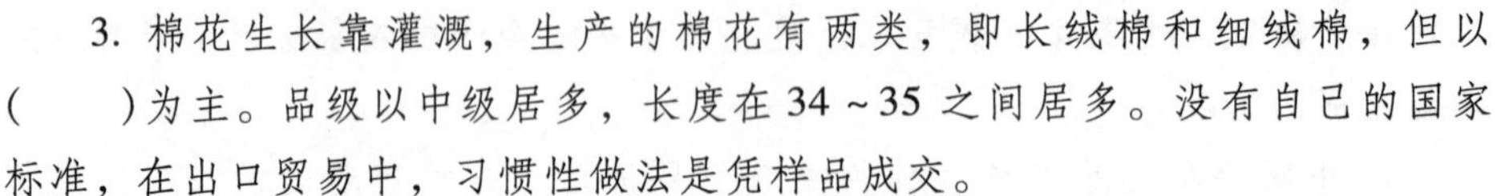

3. 棉花生长靠灌溉，生产的棉花有两类，即长绒棉和细绒棉，但以(　　)为主。品级以中级居多，长度在34～35之间居多。没有自己的国家标准，在出口贸易中，习惯性做法是凭样品成交。

A. 长绒棉　　B. 细绒棉

C. 两者均是　　D. 两者均不是

4. 棉花进口配额的发放由(　　)负责，分为两类管理：加工贸易和一般贸易。规定以加工贸易配额方式进口的棉花不能再交易，只能用于企业的生产加工。

A. 纺织协会　　B. 财政部

C. 国家发改委　　D. 中国商务部

5. 国际棉花贸易的定价方法主要有(　　)。

A. 固定价格　　B. 过夜实盘定价

C. 买方选择定价　　D. 卖方选择定价

参考答案

一、填空题

1. CC Index　2. 1%　3. 卖方　4. 远期交易　5. 套期保值
6. 美棉国际通用标准　7. 凭样品成交　8. 滑准税
9. 东南　10. 30%

二、选择题

1. C　2. ABCD　3. B　4. C　5. ABCD

第五章 棉花的消费

【本章要点】

本章主要对棉花消费的有关知识进行介绍，包括以下内容：棉花消费的领域和区域分布，如何分析棉花的消费需求，如何从纺织业的发展来看待棉花消费，我国棉花消费的历史和现状以及全球棉花消费趋势。投资者可以通过阅读本章了解到国内外棉花消费的基本情况和特点。

一、如何分析中国棉花的消费需求？

按棉花年消费量排序，世界年消费量在100万吨以上的国家依次有：中国、印度、巴基斯坦、美国和土耳其。其中，中国棉花年消费量占世界棉花年消费总量的30%以上。在分析棉花的消费需求时，一般是从棉花的消费量、出口量和期末库存三个方面入手。

（一）国内消费量分析

我国棉花95%用于纺纱，江苏、山东、河南、湖北是棉花的主要消费省。国内的棉花消费量并不是一个常数，它经常处于变动状态，并受多种因素影响，这些因素包括消费者购买力的变化、人口增长及消费结构的变化、政府收入与就业政策等。通过国内棉花消费量的分析，可以掌握棉花下游产业——比如纺织服装行业的状况，获得国内纺纱量数据和棉布生产数据等重要信息。

（二）出口量分析

出口量的多少在某种程度上能够反映出国内棉花需求的情况。出口量越少，往往意味着更多的棉花被国内需求所消耗掉，国外需求量占整个对国内棉花需求量的比重就越小。中国是世界上最大棉花进口国，棉花出口量很少，2008/2009 年度和 2009/2010 年度中国棉花出口量仅为 1.5 万吨。从 2002 年至 2009 年的棉花出口走势图（见图 5－1）来看，棉花出口量对国内棉花需求量的影响越来越小。

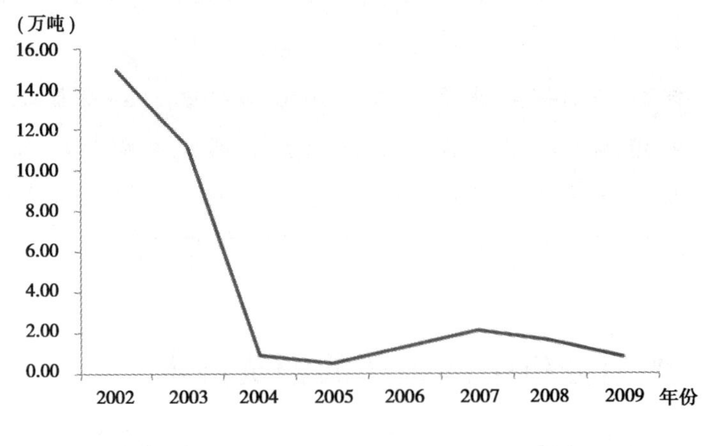

图 5－1　2002～2009 年棉花出口走势图

（三）期末库存分析

从棉花期末库存数量的变化，也可以获得棉花消费需求的重要信息。期末库存在很大程度上能够反映供求双方力量的对比。当供过于求的时候，期末库存增加，价格就下跌；当供不应求的时候，期末库存就会减少，价格出现上涨。从国内棉花期末库存数量走势图（见图 5－2）来看，自 2000 年 1

月至2011年4月，我国棉花期末库存量是一个先下降后上升的走势，这反映出供给相对于需求来讲，有一个先紧张后充足的过程。

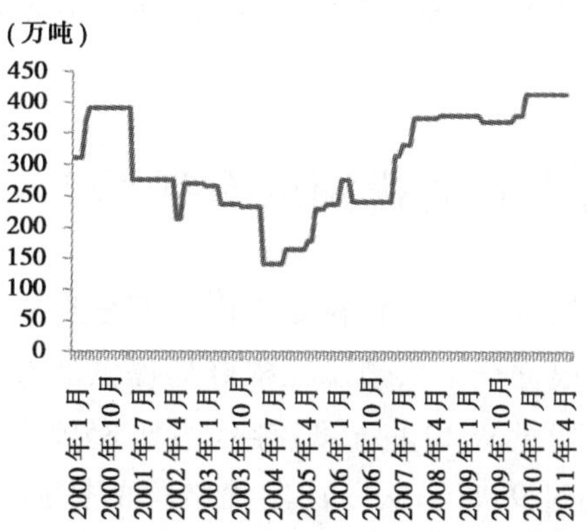

图5-2 棉花期末库存量变化

库存消费比是分析棉花消费需求的一项重要指标。库存消费比通过期末库存量除以消费量来得到，它与价格形成显著的负相关关系。棉花库存消费比一般以30%为安全指标数值，如果这一指标在30%以下，意味着棉花供给比较紧缺。

除上面谈到的三个方面以外，分析棉花消费需求时，还需要考虑影响棉花需求的因素。这些因素包括消费者的购买力、消费者偏好、替代品的供求及价格、人口变动、商品结构变化及其他非价格因素等。对棉花需求影响因素的考察，有利于对棉花消费需求以及价格进行合理评判。

前期库存量——是构成总供给量的重要组成部分，前期库存量的多少体现着前期供应量的紧张程度，供应紧张导致价格上涨，供应充裕价格就会下降。

进出口量——在生产量和前期库存量一定的情况下，进出口量的多少直接决定了供给量的多少。进口量越大，国内可供量就越大，则国内市场价格可能会下跌；出口量越大，国内可供量就越小，国内市场价格就可能回升。因此投资者应密切关注实际进口量的变化，尽可能及时了解和掌握国际棉花形势、价格水平、进口政策的变化等情况。由于中国是第一大进口国，因此国际市场棉花价格的走势会直接影响国内棉花的

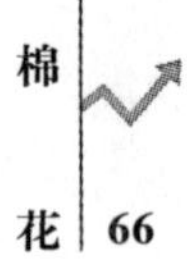

价格。

期末结存量——这是分析棉花期货价格变化趋势最重要的数据之一。如果当年年底存货增加，则表示当年供应量大于需求量，期货价格就可能会下跌；反之，则上升。

二、我国棉花的消费领域有哪些?

从我国棉花消费领域来看，棉花需求由三部分组成：纺织用棉、军需民用絮棉与其他用棉。根据全国供销总社棉麻局提供的有关数据，纺织用棉与军需民用絮棉年均消费量从20世纪80年代占比85%上升到20世纪90年代的90%，目前水平超过95%。从以往用棉结构的数据来看，纺织用棉需求是决定棉花需求总量的首要因素。

近20年来，棉纺织行业在经历了快速发展、结构调整、重组兼并之后，通过技术改造、产品创新、信息化建设以及国际合作等多项途径，产业活力不断显现，竞争力持续增强，在稳定纺织工业基础发展，提高出口创汇，解决社会就业等方面发挥着重要的作用。棉纺织行业也在不断的调整中，重新找到了市场空间，并越来越显示出基础产业的竞争优势。

棉纺织业在发展的同时也表现出让人担忧的一面，特别是与国外先进企业对比，差距明显。技术装备差距、信息化和快速反应技术差距、创新能力的差距凸现，加上粗放型扩张、市场竞争局面混乱等问题存在，大大阻碍了行业的发展。因此，加强产业升级，提高棉纺织科学技术进步，调整产业结构，进行创新能力培养是当务之急。

三、如何从我国纺织业的发展来看待棉花消费?

我国纺织业由棉纺、印染、毛纺、丝绢纺织、针织、器材、机械、化学纤维等行业组成，棉纺织业的棉花消耗量最大。中国的棉纺织业生产能力和产量都位居世界前列。1995年“两纱”产量达到542.2万吨，“两布”产量260.2亿米，2000年棉和棉混纺纱线产量达到657万吨，棉及棉混纺布277亿米。2000年以前，纱、棉纱、布、棉布为下游产业，为针织、色织、家用纺织品等提供重要原料，产量上一直保持着稳定上升的趋势。在加入世贸组织以后，纺织品全球配额取消，棉及棉混纺纱线产量也增加到 1412.4 万吨，棉及棉混纺布 455.7 亿米，产量翻了一番。

棉纺织工业是加入世贸组织后能充分发挥我国比较优势、尽快提高综合竞争力的产业之一，其在纺织工业中的基础性地位将进一步加强。依照图 5－3的状况来看，2009 年纺织工业总产值由 2005 年的 12671 亿元提高到 22971 亿元左右，年均增长 10% 以上。截至 2011 年 3 月底，纱类产品产量保持稳定，较 2010 年同期增幅有所下滑。2 月全国纱产量达 188.64 万吨，环比下降 8.11%，同比增长 20.51%；1～2 月全国纱产量为 393.93 万吨，实现同比增长 15.28%，较 2010 年同期增幅收窄 11.24 个百分点。2011 年 1～2月全国布类企业生产运行平稳有序。从产量数据看，2 月份产量达 38.1 万吨，环比下降 14.26%。1～2 月布类总产量为 82.53 亿米，同比增长 13.9%，较 2010 年同期增幅收窄 37.08 个百分点。其中，棉布累计产量为 50.24 亿米，同比增长 16.43%，较 2010 年同期增幅收窄 26.85 个百分点；棉混纺布累计共生产 13.68 亿米，较 2010 年同期产量减产 10.77 亿米，实现同比增长 7.66%，较 2010 年同期增幅收窄 122.02 个百分点；化学纤维布累计产量达 18.6 亿米，同比增长 12.18%，较 2010 年同期增幅收窄 8.56 个百分点。考虑到纺织品进出口贸易对纺织品生产拉动作用较大及近期棉花价格连续上涨因素，当前纺织行业进出口态势或受冲击影响。

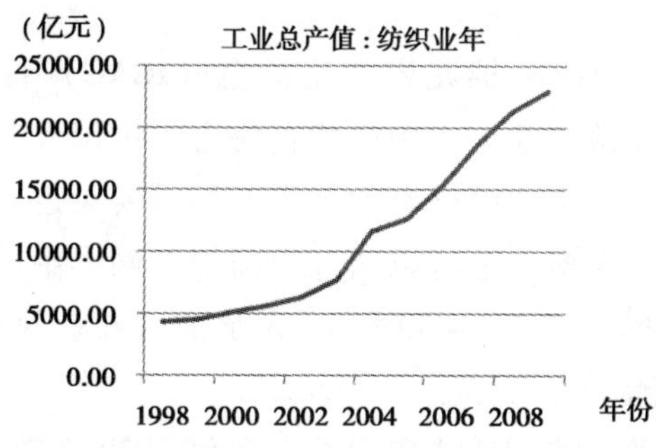

图 5－3　1998～2008 年纺织工业总产值

从近些年纺用棉需求的变化看，表现出以下几大特点：

1. 随着纱产量的增长，纺用棉消耗量持续增长。数据显示，近十年来纺纱用棉量以年均3%以上的增幅增长，其中近三年以平均12%的速度增长。

2. 随着化学纤维及其他纤维的开发应用，棉纺业的原料逐步丰富，促进了棉纺织产品结构的调整和品种开发，棉花在棉纺原料中的使用比例总体呈逐步降低趋势。1980年棉纺业用棉比重约为80%，1990年降至75%，2010年这一比重为64%左右。

3. 随着纱产量的增长，纱支结构进一步改善，细支纱和特细纱比重逐步提高，对纺用棉品质的要求随之提高。据测算，2001年细支纱和特细纱占纱总产量的比重为46.4%，比1995年提高了4个百分点；平均纱支不断提高，1990年平均纱支为28.8支，1995年为30.2支，2001年提高到33.2支，2010年接近36支。

棉纺织是我国纺织工业的基础性行业，在我国纺织工业的发展进程中有着特殊的地位，占到棉纺织行业生产成本70%的棉花是影响纺织经济的关键因素，棉市的稳定发展是纺织工业持续稳定发展的基础，反过来纺织工业的发展程度会影响棉花市场的消费需求和发展。纺用棉需求的快速增长，会拉动棉花需求的快速增加。

四、如何获取棉花消费数据？

美国农业部（USDA）和国际棉花咨询委员会（ICAC）每个月定期发布棉花产业各方面的统计和预测数据。中国棉花协会、中国发改委、中国统计局、中国农业部等政府机构是中国棉花数据发布的重要渠道。投资者可以从这些官方网站获得第一手数据，也可以通过中国棉花网、中国纺织网等行业网站获得经过整理的数据。图5-4和图5-5是美国农业部在2011年针对全球棉花消费情况的预测。

受上涨的棉花价格刺激，国际棉花咨询委员会预计2010/2011年度世界棉花产量反弹16%，达2500万吨。全面棉纱用量也将持续增长，但是将会大大慢于2009/2010年度的增长态势。鉴于棉花供需将大体平衡，所以在2010/2011年度世界棉花最终储备量并未大幅增加。加上巴基斯坦洪水导致

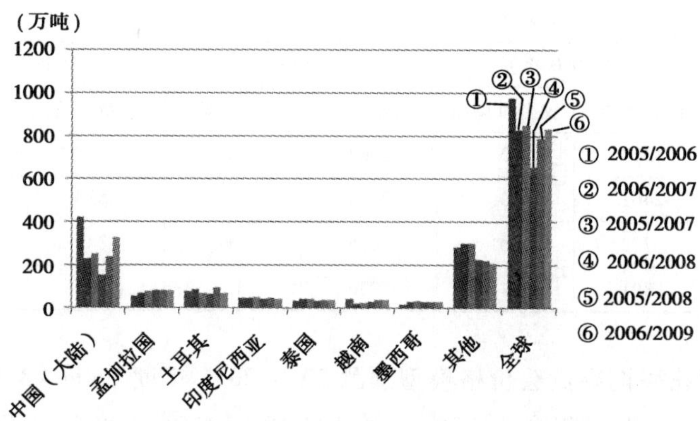

图 5－4 美国农业部 2011 年全球消费预测

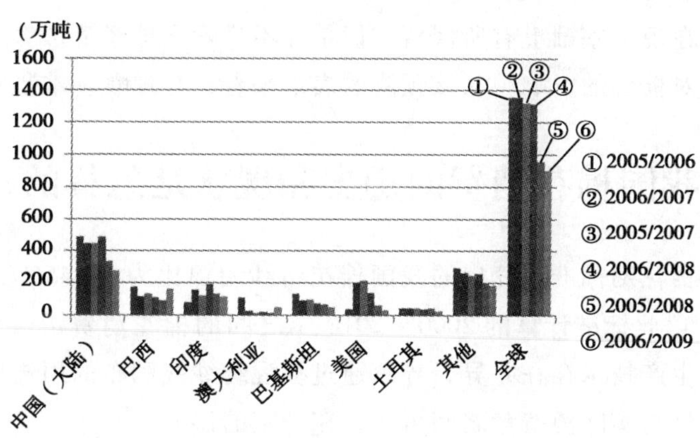

图 5－5 美国农业部 2011 年全球库存量

的棉花减产、中国及印度棉花收获的延迟，棉花价格坚挺必将持续。

表 5－1 是国际棉花咨询委员会 2011 年 1 月全球棉花供需预测平衡表。

表 5－1 国际棉花咨询委员会 2011 年 1 月全球棉花供需预测平衡表

全球项目	2009/2010 年度		2010/2011 年度		2011/2012 年度	
	最新预测	较上月调整	最新预测	较上月调整	最新预测	较上月调整
期初库存	1195	0	888	－3	936	11
产量	2178	0	2514	16	2731	1

续表

全球项目	2009/2010 年度		2010/2011 年度		2011/2012 年度	
	最新预测	较上月调整	最新预测	较上月调整	最新预测	较上月调整
供应总量	3373	0	3402	12	3667	12
消费量	2461	0	2465	2	2533	1
出口量	777	0	825	-6	841	0
期末库存	891	-4	936	11	1134	11

国际棉花咨询委员会价格模型预测2010/2011 年度 CotlookA 指数平均为90 美分/磅，比上一年高出 15%，也是自 1994/1995 年度后的最高平均值。95% 的置信度的价格区间为 78 ~ 106 美分/磅。也就是说，根据这个预测，棉花价格将在现有基础上有所回落，但是并不排除全球经济形势、国际贸易等其他因素对棉价的影响。从该预测的表现来看，与现实基本是吻合的。

五、我国棉花消费的历史和现状是怎样的？

以中国棉花网标准计算出的我国棉花纺纱用棉比为 59.45%，布用棉比为 65.3%，以此标准计算的 2000 ~ 2010 年之间的棉花消费量，见图 5 - 6。由于纺织业生产技术存在差异，导致通过棉混纺纱线和布的用棉比例计算出的棉花消费量与实际消费量之间可能存在一定的误差。

中国在 1981 ~ 2010 年间棉花消费量保持稳定增长态势，20 世纪 80 年代棉花消费量增长相对缓慢，1987 年较 1981 年增长 29%，达到 420.7 万吨，1989 ~ 1991 年棉花消费出现小幅下降。1992 年之后棉花消费增长较快，2000 年突破 600 万吨，加入 WTO 之后棉花消费更是快速增长，2005 年达到 1167.2 万吨，较 2001 年增长 73.9%，2010 年调整后的消费量达到 1023 万吨，日益扩大的棉花需求所产生的供求缺口主要靠进口贸易来弥补。

通过对棉花消费的发展历程及现状进行分析，可以得出棉花消费发展的两个阶段：

第一阶段：1981 ~ 1991 年，我国纺织业刚起步发展，机械设备陈旧，产品单一，在国际上不具备竞争优势，对棉花的需求处于相对较少的阶段，

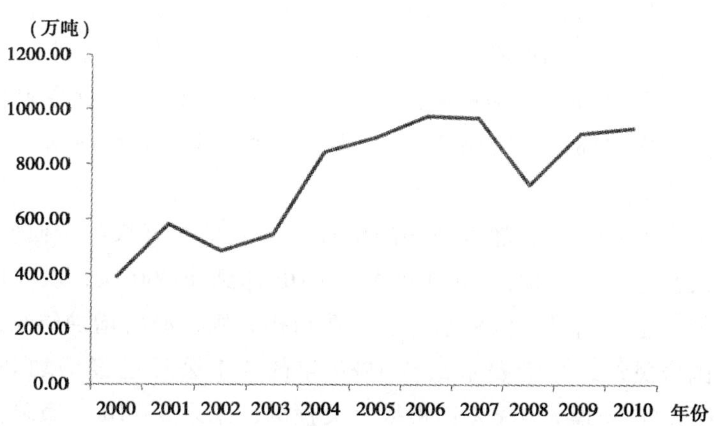

图 5－6　2000 年以后中国棉花消费变迁图

1984 年棉花产量 625.8 万吨，超过棉花需求量 314.9 万吨，国内生产的棉花除满足对内需求外，多余部分对外出口。

第二阶段：1992～2010 年，随着国内纺织业产业升级，纺织品出口量的飞速增长，国内对棉花的需求也突飞猛进，国内的棉花供给已经无法满足巨大的需求，供需缺口的扩大促使棉花价格上扬。

目前纺织业净创汇在各行业中仍位居前列，在实现贸易顺差和促进经济增长上有着不可忽略的贡献，2005 年全球纺织品配额取消，中国纺织业的增长潜力进一步发挥，国内对棉花需求将继续保持增长。

六、我国棉花消费趋势如何?

近年来，我国棉花消费呈现快速增长态势。1990 年到 2000 年的十年里，我国的棉花消费基本维持在 400 万～500 万吨之间，国内棉花产量基本能够满足需求。2001 年以来我国棉花消费开始稳步增加，2003 年我国棉花产量比 1999 年增长了 27%，但棉花消费增长了 51%。其中 2000 年突破 500 万吨，2001 年为 570 万吨，2002 年为 640 万吨，2003 年为 680 万吨，2004 年约为 700 万吨，随着 2005 年中国纺织品配额的取消，中国的棉花需求更是呈逐年增长态势，到 2010 年已接近 950 万吨。经济越发展，大宗纺织品消费水平越高，随着生活水平的提高，我国人均纤维消费量也呈迅速上升趋势。1980 年我国人均纤维消费量仅 4.1 公斤，2010 年增加到 14.6 公斤，其中“十一五”期间的增加量超过了之前增加量的 50%，据专家估计过去三年中国的人均用棉量持续保持 15% 以上的增长速度。目前国内年均棉花消费大约在 900 万 ~1000 万吨左右。

在未来 5 ~10 年，随着我国经济社会步入结构升级的全面发展新阶段，居民收入快速增长，预计 2020 年人均 GDP 达到 40000 元，农村居民可支配收入增加，生活水平、消费水平、消费结构升级，必将增加纺织品的消费需求。我国居民纺织品消费水平从 1980 年的 4.1 公斤已经增加到 2010 年的 14.6 公斤，年均增长 4.8%，根据有关预测，未来 5 ~10 年服装消费将保持 15% ~20% 的高速增长。

七、全球棉花消费趋势如何?

美国棉花公司和国际棉花协会近期关于全球消费的调查显示：各国人均服装消费持续增加，意大利以人均 440 美元位居首位，英国 439 美元，德国 399 美元，日本 319 美元，中国 252 美元，美国 229 美元，其主要调查结果表明全球范围内，62% 的消费者喜欢棉布服装，大约 25% 的消费者不愿意使用化纤作为服装替代面料，棉花以其柔软、传统、透气性良好等性能赢得全球消费者的青睐。对棉花青睐度最高的是欧洲国家，92% 的意大利消费者认为棉花透气性好，87% 的法国消费者因为传统性而选择棉花纤维，87% 的土耳其消费者偏好棉花的柔软和舒适，除此之外，棉花、丝绸和羊毛等天然纤维显然比人造纤维更有利于保护环境。

长期来看，世界与国内棉花消费量的增速与经济发展速度及人口增速存在比较明显的正相关，即随着人口增加和经济的发展，世界及国内棉花消费均在增加。

与中国棉花消费相似，近 10 年来，世界棉花消费保持着快速增加的势头。中国棉花信息网消息显示，1999 年之前，世界棉花消费基本无大的变化，维持在 1850 万吨/年左右。1999 ~2002 年全球棉花消费连续 4 年增长，全球棉花消费量增加 200 万吨，增长率达 3%，其中发展中国家的增长占据

65%，发达国家占据25%，另外10%的增长发生在中欧、东欧及前苏联国家。2004~2009年世界棉花消费保持着高速的增长，2007年世界棉花消费达到了历史最高水平，近2800万吨。尽管受金融危机影响，2008年棉花消费下滑较为严重，但依然维持2400万吨的较高水准。

据美国农业部最新的预测，2010/2011年度因受库存紧张的影响棉花价格持续上涨，导致世界棉纺厂对棉花的消费量将下降2%，中国和巴基斯坦棉花消费量将会降低。随着2011年度印度纺织厂棉花消费量的增加，中国、巴基斯坦和印度三国棉花总消费量所占全球比例将在67%以上。

自测题

一、填空题

1. 目前国内年均棉花消费大约在__________万吨左右。

2. __________通常由国内消费量、出口量及期末结存量三部分组成。

3. 中国棉花消费量约占全球的__________。

4. 目前，世界最大的棉花进口国是__________。

5. 我国棉花消费量最大的省份是__________。

6. 长期来看，国内外棉花消费量的增速与经济发展速度及人口增速__________。

7. 美国、英国、印度、澳大利亚等国的植棉农场主往往是按照当年__________来制定自己的植棉面积，从事棉花套期保值交易。许多国家的棉商、棉纺厂和棉花合作社，都在NYBOT从事棉花套期保值交易，回避现货市场的风险。

8. 按棉花年消费量排序，世界年消费量在100万吨以上的国家依次有：中国、印度、巴基斯坦、美国和土耳其，其中，中国棉花年消费量占世界棉花年消费总量的__________以上。

二、选择题

1. 棉花最主要的消费群体是棉纺织企业，纺织用棉占全国用棉量的(　　)。棉纺织工业是我国纺织行业重要的基础性行业，在纺织工业的发展进程中有着重要和特殊的地位。棉纺织工业的稳定发展直接影响2亿棉农的稳定，同时棉纱、坯布的质量又直接作用到针织面料，梭织面料以及与此相关联的家纺、服装和纺机纺器等行业，在这条产业链上，棉纺织行业牵一发而动全局，影响重大。

A. 70% ~75%　　B. 80%左右

C. 85% ~95%　　D. 95%以上

2. 某国际棉业公司于2000年5月与意大利某纺织企业签订了500万磅的棉花出口合同，价格为60美分/磅，当年12月交货。为了回避这种价格风险，该棉商决定通过期货交易来进行套期保值，当时纽约棉花期货交易所棉花12月合约期货价在50美分/磅，该棉商在期货市场上以50美分/磅的价格在12月合约上买进500万磅的期货合约。进入12月份，棉花现货价格涨至65美分/磅，期货价也涨至65美分/磅，期货现货盈亏相抵后，该棉商不仅没有因为现货价大涨受损失，反而赢利(　　)万美元，从而成功地回避了因现货价格波动所带来的市场风险，锁定了自己的销售利润。

A. 50　　B. 60

C. 70　　D. 80

3. 影响棉花需求的数据包括国内棉纺织消费量、纺织品出口量及棉花期末结存量等，影响棉花需求的因素很多，包括(　　)。

A. 消费者的购买力与偏好　　B. 人口变动

C. 替代品的供求及价格　　D. 商品结构变化及其他非价格因素等

4. 研究棉花消费数据的信息来源，包括(　　)。投资者可以从这些官方网站获得第一手数据，也可以通过中国棉花网、中国纺织网等行业网站获得经过整理的数据。

A. 美国农业部（USDA）

B. 国际棉花咨询委员会（ICAC）

C. 中国棉花协会

D. 中国发改委、中国统计局、中国农业部等政府机构

5. 某企业通过观察，发现当时现货市场328级棉花价格在13500 ~ 13700元/吨，而郑棉期货价格在13300元/吨左右并呈下跌趋势，认为期货价格已经超跌，存在较好的期现套利机会。该厂遂于2005年6、7、8月份

在期货市场13100～13400元价格区间逐步建立多头头寸（买入），最终共持有了10000多吨的多头头寸，随着9月份期现货价格上涨到14200元/吨，该厂对其中6000吨进行了期转现，4000吨在合适的价格获利平仓。通过这次操作，比直接从现货市场采购棉花降低成本近(　　)万元。

A. 1000　　B. 2000

C. 3000　　D. 5000

6. (　　)是世界最大的棉花出口国，占全球出口量的1/2左右。

A. 美国　　B. 印度

C. 中国　　D. 刚果

7. 2004～2009年世界棉花消费保持着高速增长，(　　)年世界棉花消费达到了历史最高水平近2800万吨，尽管受金融危机影响，2008年棉花消费下滑较为严重，但依然维持2400万吨的较高水准。

A. 2005　　B. 2006

C. 2007　　D. 2009

参考答案

一、填空题

1. 900～1000　2. 需求　3. 40%左右　4. 中国　5. 江苏省

6. 存在比较明显的正相关　7. 期货价格　8. 30%

二、选择题

1. D　2. A　3. ABCD　4. ABCD　5. A　6. A　7. C

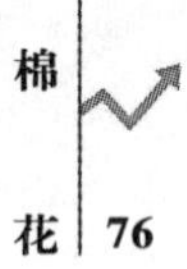

第六章 棉花期货的价格分析

【本章要点】

了解影响棉花期货价格的主要因素是参与棉花期货投资必不可少的重要环节。本篇主要对该问题进行系统分析，并着重阐述如何利用基本面和技术面上的信号对棉花期货价格走势进行预测。通过对系列事例的分析，包括库存消费比、经济周期、市场参与者心态、天气病虫害的炒作、棉花产业链上下游的承受能力以及国家政策等多方面地对价格运行进行判断，目的在于“抛砖引玉”，给投资者一个正确的分析棉花价格走势的思路。

一、影响棉花价格波动的因素有哪些？

棉花价格受到多方面因素的影响。从大范围看，我国将其分为内部因素和外部因素：内部因素包括供需因素、自然因素、政策因素、市场因素及交易因素等；外部因素包括政治因素、经济因素，如石油价格、汇率、经济周期其他农产品价格、证券市场等因素（见图6-1）。

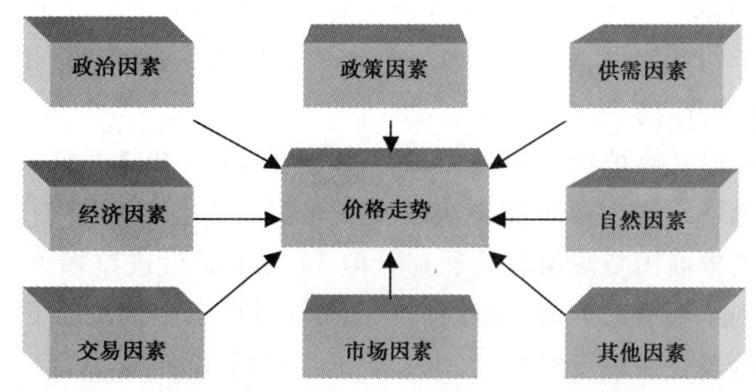

图6-1 影响棉花价格波动的因素

供需因素：包括全球棉花种植面积、单产和总产的增减（科技水平的提高）、新棉收购价格、棉花库存、棉花加工能力的变化、棉花替代品价格的变化等。

自然因素：包括产棉区的天气气候变化和棉花的病虫灾害因素。

政策因素：包括国家棉花管理的重要政策和法规，国务院颁布的棉花流通体制改革的措施，国家发改委颁布的有关棉花质量监督管理、收购加工与市场管理、国家棉花标准的修改、进口关税配额管理、出口货物退税率、国家储备棉收储政策等。

市场因素：包括期货市场和现货市场价格变化。

交易因素：包括交易规则的变化、每周仓单增减、各期货合约成交和持仓排名表等。

政治因素：包括国际局势，特别是与纺织品相关的贸易摩擦和战争因素等。

经济因素：包括全球经济周期、汇率、石油价格因素等。

其他因素：如证券市场、其他农产品市场（如小麦）等的价格变化。

【案例6-1——2003/2004年度国内现货市场棉价走势（见图6-2）】

第一阶段：价格攀升期（2003年9月初至2003年10月底）。此阶段，由于国内棉花大幅减产，新年度期初库存不足，纺织企业库存水平低，籽棉收购价格居高不下等因素导致棉价快速攀升。Cncotton A 指数由9月1日的

13003 元/吨涨至 11 月 1 日的 17860 元/吨，上涨 4857 元/吨，涨幅 37.35%。期间，全国棉花交易市场老商品棉竞卖价格和电子撮合交易价格迅速走高。与此同时，国际市场纽约期货价格也一路攀升，10 月底达到年度高点 86 美分/磅。

第二阶段：高位盘整期（2003 年 12 月到 2004 年 2 月底）。在年度供给不足的预期下，国内市场保持高位盘整格局，企业对后市棉价走势充满信心。此阶段棉商囤货现象较为普遍，但 12 月份以后进口棉大量到港，国内棉价已出现小幅回落迹象。纽约期货价格在此阶段则呈波动下滑走势。

第三阶段：快速下滑期（2004 年 3 月初到 2004 年 7 月）。年后国内价格没有出现年前预期的大幅上扬的行情，市场信心受挫，期间大量的外棉到港在很大程度上替代了用棉企业在国内的采购，纺织企业观望，资金紧张，买涨不买落。国内市场供应充裕，现货价格大幅下滑。特别是进入 5 月份后，撮合价格连续半月大幅下滑，现货市场信心全无，抛售之风盛行，国内棉价加速下跌。到 6 月 28 日，CncottonA 指数跌至 14305 元/吨，较年度最高点下跌 3540 元，跌幅 19.8%。在国内棉价大幅下滑时，国际市场价格则相对稳定。

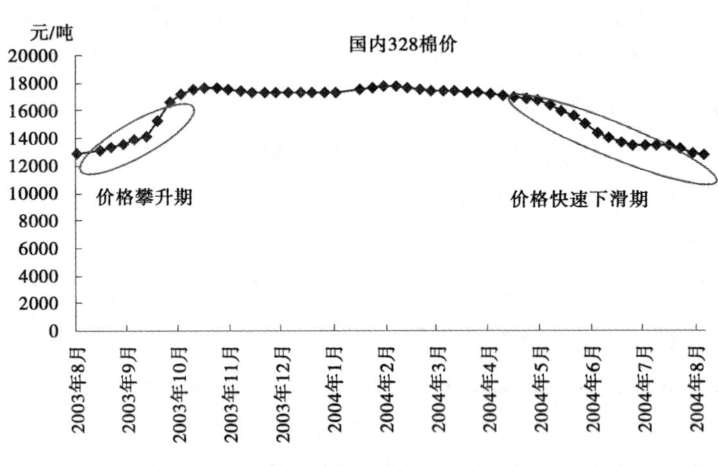

图 6－2　2003～2004 年间棉花现货走势情况

二、衡量棉价是否合理的标准是什么？

保持棉花价格稳定是促进棉花产业健康发展的关键。一般而言，在市场经济条件下，衡量棉花价格是否合理有三条标准。

（一）农民是否有生产积极性

2008年由于供大于求，棉花收购价偏低，农民生产积极性不高，当年棉花播种面积减少了16%以上。2009年棉花收购价上涨到13500元/吨左右，植棉面积增加。这说明当时的价格能够调动农民生产积极性。

（二）纺织企业是否能够承受

国内棉花价格与国际市场棉价接轨，是保持我国纺织品国际竞争力的客观需要。如果高于国际市场价格，会部分抵消劳动力成本低的优势，削弱我国纺织品的国际竞争力，而出口下降，必然减少对棉花的需求，从而造成棉花的积压，也会损害农民利益。

（三）棉花经营企业是否顺价销售

棉花的收购价与销售价之间要有合理的差价。如果对棉花价格走势有着过高的、不切实际的预期，盲目抬价收购，必然造成后期棉花需求减少，销售困难。

三、如何解析影响棉花价格的基本面因素？

影响棉花价格的基本面因素主要包括政策法规环境、宏观经济环境、心理因素以及供求因素等，其中供求因素占据核心地位，它由产量、库存量、进出口量以及棉花加工用量变化等组成。

（一）供需因素

期货市场上经常出现价格在均衡位置附近盘整的情况，但是均衡状态不可能持续太长时间，一旦供求中的一项或多项因素发生变化，引起供求关系变化，则均衡状态也会被打破，市场试图通过价格运动寻找新的均衡状态。

1. 全球棉花供给状况。棉花供给的减少一般会引起棉花价格上涨。影响全球棉花供给的主要因素包括：当年棉花种植面积的增减——中、美、印度、巴基斯坦、乌兹别克斯坦世界五大产棉国每年棉花种植面积的增减，以及当年棉花总产量的增减——中、美、印度、巴基斯坦、乌兹别克斯坦世界五大产棉国每年棉花总产量的增减。

2. 全球棉花需求状况。棉花需求包括：全球和全国棉花总需求量、棉花加工能力的变化，尤其是国内纺纱能力的增减、国内新棉上市期的棉花收购价格。

每年 9～12 月份为国内棉花收购季节。9 月份棉花有零星的收购，10 月份棉花开始大量上市，10～12 月为每年棉花的收购高峰，当期的籽棉价格决定了棉花加工商的成本。

3. 棉花库存与库存消费比。库存消费比是评价棉花供求形势的首选指标，是期末库存与当年消费量的比值，与棉花价格有着非常一致的负相关性。一般来说，库存消费比越高，表明棉花库存越充足，棉花价格就越低。国际公认的合理库存消费比为 30%，国内公认的合理库存消费比为 35%，这时候市场可以表现为供求基本平衡。从图 6－3 可以看出，2000～2009 年，我国棉花消费市场库存消费比一直处于下降趋势，且与棉花价格呈现较强的负相关关系，但整体上，库存消费比例仍然保持在合理范围内。

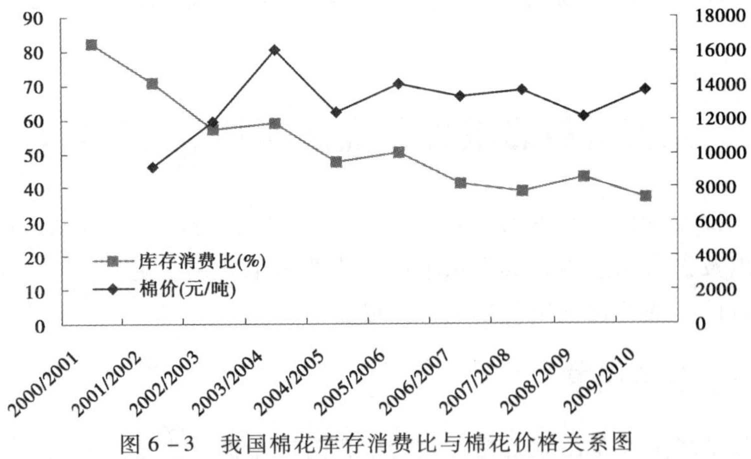

图 6－3　我国棉花库存消费比与棉花价格关系图

4. 进出口量。世界主要进口国是：中国、土耳其、印尼、印度等国。棉花主要出口国是：美国、乌兹别克斯坦、澳大利亚、希腊等国。美国出口占世界贸易量的41%。因此，分析影响棉花价格基本面因素应重点关注这些国家的进出口政策及贸易情况。

我国是世界上重要的进出口国。据预测，2003/2004年度，全球进口贸易总量694万吨，其中，中国进口量预计达到200万吨，占全球贸易总量的29%，成为全球棉花进口量最大的国家，中国棉花进口量对世界棉花价格影响巨大。中国棉花进出口呈显著周期性波动，近两年进口棉成为弥补国内棉花产需缺口的重要资源（见图6－4）。

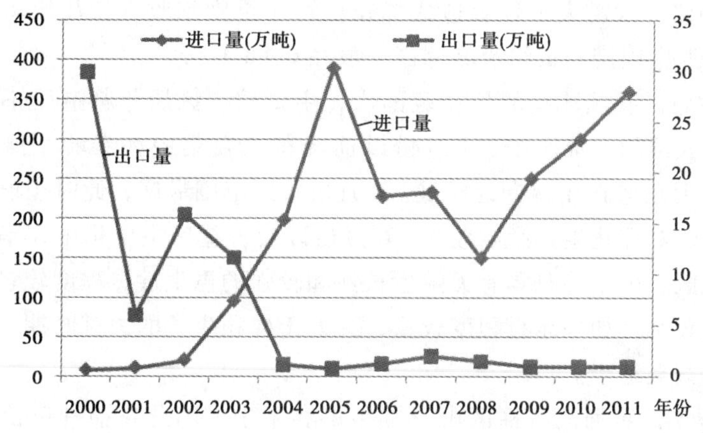

图6－4 我国棉花进出口情况

（二）季节性因素和自然因素

季节性因素经常成为棉花销售阶段性价格波动的触发点。现货市场，每年3～5月，投资者关注农民的植棉意向和播种面积；7～8月，投资者关注棉花生长情况，干旱或洪涝都将引发棉价剧烈波动；9～10月，投资者关注棉花收获情况，连续阴雨会降低棉花质量和产量。第四季度的棉花收获期，国家政策往往注重农民利益，春节过后的第二季度，纺织厂的利益也容易受到关注。

在期货市场，棉花仓单注册、注销规律性强，每年的11月开始，逐步生成、增加仓单，3～5月仓单数量达到高峰。期现的价格格局是影响最终仓单生成量的关键要素。在次年的5月起，仓单开始注销，7～8月达到高峰。这反映了如下特征：上半个棉花年度往往期货价格高于现货价格，下半个棉花年度容易期货价格低于现货价格。

在自然因素方面，需要特别强调的是天气因素，气候变化对棉花生产影响极大。统计表明，我国产量变化与天气因素的相关度要高于对种植面积的相关度。例如：我国2003年种植面积大幅度增加22%。但是由于后期天气原因，受雨涝和病虫害的严重影响，造成最后总产大大低于预期。全国棉花总产490万吨，而全国总需求为700万吨，这是2003年棉花价格上涨的主要因素。常见天气对棉花的影响有以下几个方面：

1. 雨涝。雨涝灾害轻者造成棉花减产，重则绝收。长江流域棉区一般7～8月份发生雨涝，黄河流域棉区一般在6～8月份。

2. 冰雹。我国冰雹的危害范围广，主要棉产区历年都遭受不同程度的雹灾。在我国的产棉区中，4月份以前降雹主要集中在秦岭、淮河以南地区；4～5月份雹区由南向北扩展。6月份雹区范围最广，此时正值棉区蕾期或初花期，对棉花生长影响较大。6月份以后，雹区主要集中在华北、西北和东北地区。由于棉花具有无限生长性和较强的再生性，程度较轻的雹灾对棉花影响较小，如果冰雹程度较重，又处于棉花生长的关键时期，也会造成棉花减产甚至绝产。

3. 干旱。黄河流域棉区由于常年冬春干旱，因此在播种出苗期对棉花影响较大；长江流域棉区，对棉花影响较大的主要是夏季干旱和秋季干旱；新疆棉区常年降雨量偏小，棉田干旱经常发生，需灌溉植棉才行。

4. 病虫害。在棉花生长的各个阶段都有病害发生。我国已发现的棉花病害有40多种，危害最严重的是棉花枯萎病和黄萎病，其次是棉花的苗期病害。此外，我国棉区分布辽阔，自然条件差异大，棉花害虫种类繁多。据记载我国棉花害虫已知的有300多种，其中主要的有20～30种，最重要的有15种之多。所以，加强棉花田间管理，防止或减少棉花病虫害的发生，对棉花的优质、高产有着重要的作用。

5. 飓风与台风。从某种程度上说，飓风带来的心理影响大于实质影响，飓风给作物带来的有限损害被市场加倍放大了。例如：2004年8月底登陆美国的飓风消息一再被期货市场放大。继期货市场大炒“弗朗西斯”之后，

"伊凡"成为另一个炒作因素。弗朗西斯飓风给纽约期货交易所棉花市场带来几次涨停跌停。在弗朗西斯尚未彻底离开时，另一股威力相似的飓风"伊凡"又给市场蒙上阴影，纽约棉花期货市场再次出现大幅震荡。虽然天气是市场关注的重中之重，但从历史数据上看，飓风很少彻底改变美国棉花市场的供求关系。

台风对国内棉花的影响显然不大。台风在福建、广东、浙江以及江苏登陆，除了对苏北的棉花生产有所影响外，对其他种棉地区影响较小。

（三）宏观经济因素

宏观经济形势影响棉花的消费和供应，对棉花价格的影响不容忽视。世界经济形势对棉花进出口和世界棉花价格同样有较大影响。发达国家是棉纺织品的主要需求国，发达国家的宏观经济形势好转，棉纺织品的需求增加，则棉花的价格上升。棉花价格与世界经济形势相关性极高，世界棉花消费量保持在2200万吨左右。棉花消费集中在中国、印度、欧盟与土耳其、美国、东亚、巴基斯坦等少数国家和地区。从图6－5可以看出，全球棉花消费量和全球GDP增长之间呈极强的正相关关系。

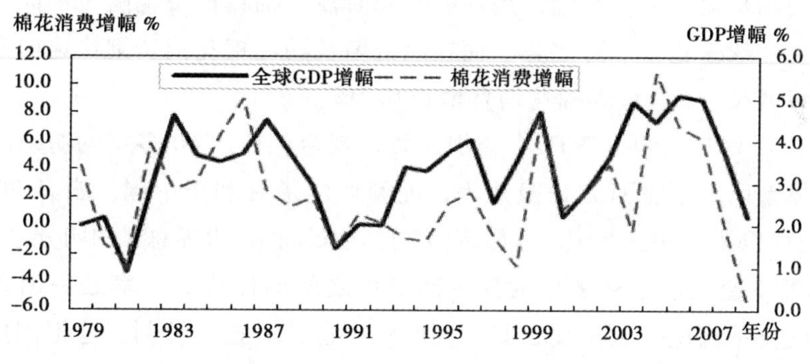

图6－5　1978～2008年全球棉花消费与GDP增幅对比

我们以美国1959年3季度以来的棉花价格、实际GDP季度同比增速、实际消费者物价指数（CPI）同比增速为样本进行了相关分析，结果表明，棉花价格与季度GDP同比增速的相关关系不显著，而与CPI的正相关关系具有统计意义。例如，美国次贷危机冲击全球经济后，全球棉花价格应声而落。美国农业部经济研究部的分析报告称，2008/2009 年度全球棉花消费量预计为 1077.7 万吨，同比减少 5.5%，为 65 年来最大跌幅。棉花消费量上一次下降出现在 1974/1975 年度，当时棉花消费量同比减少 5.4%（见图 6－6）。

图 6－6　美国棉花价格与 CPI 走势图

宏观经济形势对棉花期货市场的价格影响，主要体现在以下方面：

1. 全球经济周期变化。随着经济全球化的不断深入，不同国家的经济周期出现同步化特征，在经济周期的不同阶段，棉花消费也随之不同，在衰退期内，全球棉花呈下降趋势，而在经济增长期，棉花消费则快速回升。世界经济每增长 1%，世界棉花消费增长 0.2%。

2. 世界贸易组织（WTO）纺织品贸易规定。长达 40 多年的纺织品、服装配额体系已取消，西方普遍认为，配额取消最有利于中国。自从 2001 年加入 WTO 以来，中国纺织品、服装出口已增长至约占世界总量的四分之一。

3. 汇率变化。汇率是指两种不同货币之间的比价。汇率是一国政府调节国际收支平衡的一项重要工具，同时汇率也是一把双刃剑。这把剑挥舞得当，会促进一国经济的发展，但如果驾驭不当，便会对一国的宏观经济造成严重的打击。直观来说，汇率的高低会影响一国贸易进出口额度的变化。对于我国棉花期货市场而言，人民币汇率是一个影响棉花期货价格的重要因素，其逻辑关系是：人民币升值，将会造成棉花的出口减少而进口增多，从而导致国内棉花存货增多，最终导致棉花价格的下跌，进而影响到棉花期货价格的下跌；人民币贬值，将会造成棉花的出口增多而进口减少，从而导致国内棉花库存减少，棉花价格上涨，进而期货价格上涨。

因此，就人民币汇率对进出口贸易方面的影响而言，人民币汇率上涨，对棉花期货是利空，将会造成棉花期货价格的下跌，而反过来，人民币汇率下跌，对棉花期货是利多，将会使得棉花期货价格的上涨。

4. 世界石油价格的变化。石油价格关系到棉花替代品（化纤）价格的变化。近些年，棉价和石油相关性明显增强。从1959年以来的数据看，棉花并非一直和石油、粮价走势一致，有的时候甚至成反向变化关系，如1976～1978年，1988～1992年。但近年来相关性明显增强。根据我们的统计，1993～1998年棉价与石油价格的相关关系尚不明显，但在1999～2005年间已表现出较强的正相关关系，到2006～2009年间，棉花价格与油价、粮价的相关系数分别达到0.835与0.883（见图6－7）。

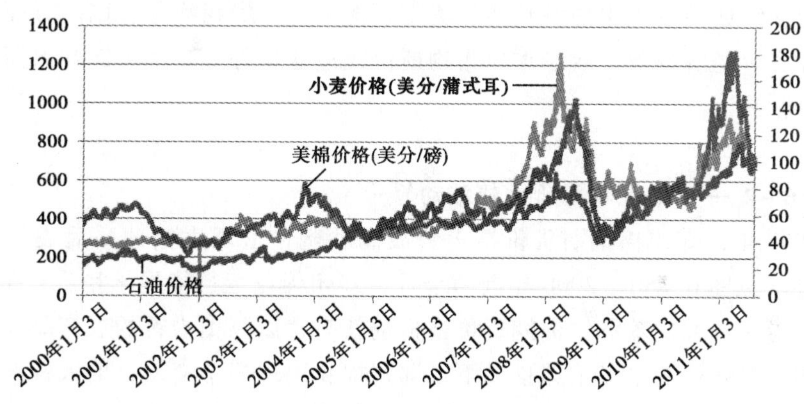

图6－7 棉花等粮食价格与原油价格日益密切

（四）政策法规环境

1. 国家对棉花管理的重要政策和法规。如2004年3月15日农业部下发的《关于做好棉花生产的通知》；2004年6月3日农发行《关于在中国农业发展银行贷款的棉花企业不得进入期货市场的紧急通知》；2004年9月21日全国棉花电视电话会议精神等。

2. 国家棉花收放储政策的影响。中储棉总公司如果收储，则棉花价格受到支撑，属政策性利多，应关注收储价格的上限。中储棉总公司如果放储，则棉花价格受到压制，应关注放储的成交价格。

3. 棉花进出口配额。我国棉花进口实行配额管理，配额内的进口税为1%，超过配额部分实行滑准税率，棉花进口配额的发放由国家发改委负责。国内目前具有进口资格的国营贸易企业有五家，即中纺进出口总公司、北京纺织品进出口公司、天津纺织品进出口公司、上海纺织品进出口公司和中储棉总公司。增发配额的数量和滑准税率政策变化直接影响国内外棉花价格。

4. 出口退税率。纺织品出口退税率调整将对国内棉花消费量和市场心理产生影响。

（五）政治因素

政治因素主要指国内外政治局势、国际性政治事件的爆发或国际关系局势的变化。如某一国家内的政变、罢工、选举、劳资纠纷等。国际方面，战争、冲突、经济制裁、政坛重要人物逝世或遭遇意外等，都可能导致期货价格的急剧波动。

【案例6－2——2008年棉价大幅波动】

2008年，郑州棉花期货价格走势波澜壮阔，呈现大幅冲高后逐波下行的走势（见图6－8）。2008年前两个月，郑州棉花运行格局平稳，3月份开始，受美元持续回落，原油期货价格再创新高，以豆类为首的农产品大幅飙升影响，在狂热的市场情绪推动下，郑州棉花出现三个交易日的大幅度补涨行情。随后，郑州棉花连续合约触及年内高价15440元/吨。由于期现基差一度达到创历史纪录的2000元/吨以上水平，郑棉受到卖出保值盘的冲击，展开了长达8个月的漫漫熊途。随着悲观情绪的蔓延，市场经历了3月中旬的快速下挫和11月份上旬的加速探底行情，11月12日最低下探到10180元/吨。

整体上，2008年郑州棉花走势分可为三个阶段：1月2日至3月5日为第一阶段，郑州棉花期货在经过了一段时间的震荡期之后，借助于当时美元指数下跌、石油价格暴涨带动的农产品价格飙升以及市场对新年度种植意向的关注，期棉价格涨幅高达1800元/吨。第二阶段：3月6日至11月12日，郑州棉花与美棉联袂走低，震荡下跌的趋势一直没有逆转，棉价下跌的五大

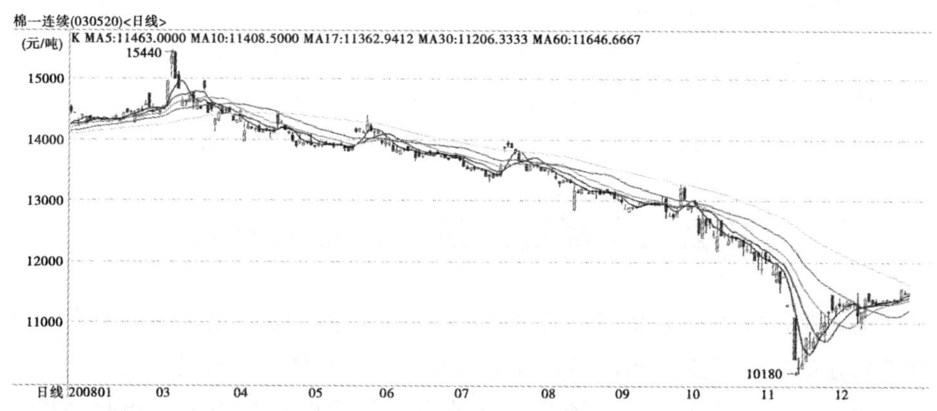

图 6－8　郑州棉花连续合约走势图（日 K 线）

理由被炒作得沸沸扬扬。其一，美元指数反弹，人民币升值加速，中国纺织企业出口竞争力减弱，需求减少；其二，国家资金紧缩，纺织企业增产可能性小，而资金紧张使企业采购即买即用，现货大幅上涨困难；其三，由于棉商现货回款困难，棉商把郑州棉花期货当成了现货销售渠道，仓单过重可能会使期现倒挂，期现回归；其四，美棉前期脱离基本面的炒作使美棉仓单过重，超过历史仓单量两倍的实盘压力使基金选择弃盘，这种预期使得国内与外棉共振向上的可能性变小；其五，新棉上市的季节性供应压力拖累棉价。第三阶段：11 月 13 日后，在国家多次提高纺织品出口退税率政策，缓解企业融资压力和多次收储新棉政策的扶持下，郑州棉花期货价格出现了超跌反弹的态势，上涨幅度接近 1500 元/吨。

四、市场心理因素是怎样影响棉价波动的？

棉花市场心理包括棉农、棉花公司和纺织企业，甚至投机者对市场的认知度和心理预期、营销策略等。现货市场中，如果棉商普遍预期市场资源短缺，就会加大囤积力度，进而加剧市场供不应求的格局，从而推动棉价出现超预期的涨幅；反之亦然。在期货市场中，郑州棉花期货价格和纽约棉花期货价格的短期相关性并不高，但一旦纽约棉花期货价格暴涨或暴跌，对国内市场投机人心态会形成冲击，从而引导郑州棉花期货出现偏强或偏弱的走势。要把握市场心理对价格的影响，必须明白市场是所有交易参与者的心理定势的汇集。多空每日搏杀反映的是多空每天在想些什么。投资者离希望、贪婪和恐惧越远，思考越清晰和独立，交易成功的机会越大。

此外，比价效应、交易规则的变化等对棉花期货价格也有重要影响。

五、为什么大家都这么强调美元走势呢?

美元是国际大宗商品定价的主要币种之一，其指数走势对商品期货走势有着极强的指导意义，相信很多投资者对此都深有体会。棉花作为具有全球影响力的大宗商品，加之市场化程度较高，其价格走势与美元指数高度相关，因此研究美元走势是做好棉花期货必不可少的课题。

一直以来，国际棉价与美元指数表现出稳定的负相关关系，近年来，这种负相关关系表现得越来越显著，2006~2008 年间，美国 ICE 交易所 2#期棉与美元指数的相关系数达到了 -0.817。从图 6-9 可以看出，在美元走软时，棉花价格大幅上涨；当美元坚挺时，棉花价格会出现大幅下跌，两者走势相反。

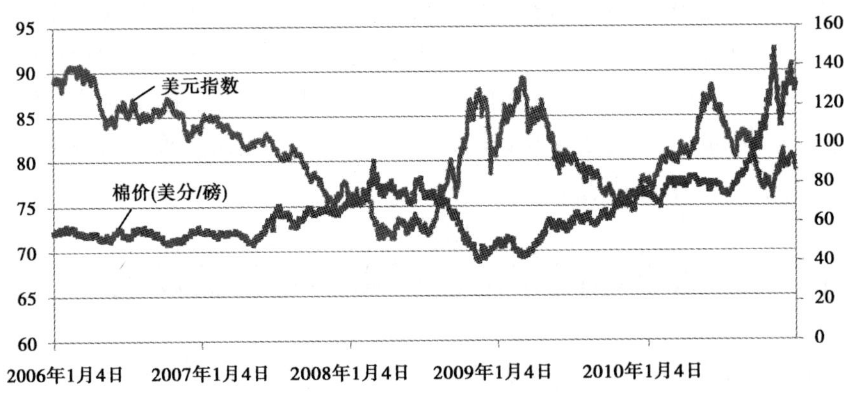

图 6-9　棉花价格与美元走势呈负相关关系

六、如何理解“中国因素”对棉花期货价格的影响?

2004 年 6 月 1 日郑商所上市棉花期货以前，国际市场上权威的棉花价格有两个：一是纽约期货交易所（NYBOT）的棉花期货价格，它是各国政府制定棉花政策和各国涉棉企业生产经营时参考的主要依据；二是英国利物浦棉花展望公司整理的 Cotlook A 和 Cotlook B 指数，它是英国棉花展望公司每天从各个渠道得到的北欧主要港口的棉花到岸价，是实际交易价格。中国棉花期货推出后，引起国际市场的广泛关注，形成了又一个棉花定价中心——郑州。

影响国际市场棉价波动的原因很多，如产量、消费量、气候、经济景气程度、战争、化纤的价格等，但在目前国际棉花市场供大于求的情况下，影响棉花价格走势中一个重要的因素是“中国因素”，中国棉花产量及进出口量对世界棉花价格影响巨大。投资者在关注国际经济形势与国际棉花供需状况的同时，还需要分析、预测中国棉花进口量及下游纺织服装出口量，在此基础上全面把握国际棉花价格走势。

【案例 6－3——中国棉花价格因素影响洲际交易所（ICE）棉花期货市场】

2009 年 7 月 10 日，商品期货下跌对洲际交易所棉价没有影响，利空的美国农业部的月报也未能左右棉价。当日，美国农业部月报将下年度的全球期末库存调增了 127 万包。在需求减少和库存增加的情况下，棉价居然大幅上涨，这说明类似这样的基本面分析已无法看清楚棉价走势。不过，基本面的实情也往往和长期走势相反。从几周的情况看，真正影响棉价的是中国因素，或许中国增发 40 万吨配额就是棉价逆市上涨的直接理由。如果增发的消息属实，且市场了解中国国内的棉花供应紧张的程度，就完全可以相信中国纺织厂将立刻大量进口棉花。而且，40 万吨也绝非一个小数目，会让所有棉商到处寻找货源满足市场需求。投机资金当然对此了如指掌，也完全有可能借此大肆炒作。一些了解情况的棉商有可能已经开始加强对中国的销售了（见图6－10）。

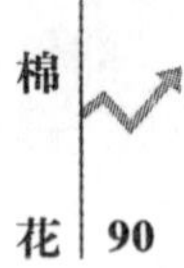

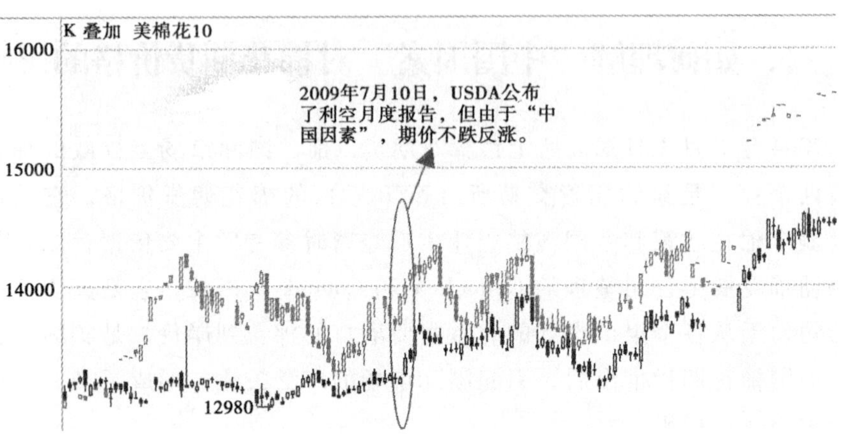

图 6－10 郑州商品交易所期棉与纽约期货交易所期棉价格走势叠加示意图

七、为什么要注意商品投资基金的交易方向？

商品投资基金是目前投资商品的一种重要组织形式，为机构投资者特别是养老和保险机构提供一种非杠杆的商品金融投资工具，其在国际商品期货市场上的作用越来越大。在欧美一些成熟的期货市场中，商品投资基金对发挥期货市场价格发现和风险规避功能，增强期市广度和深度具有积极意义。

近些年来，基金在国际商品期货市场上的作用越来越大。从 1993 年以来的数据看，非商业头寸（一般认为是基金持仓）占比越来越大（见表 6－1），非商业净多单与棉花期货价格的相关关系也越来越显著。1993 年至 1998 年期间，非商业净多单与棉价的相关系数为 0.3，而在 2005～2009 年，相关系数已经达到 0.622（见表 6－2）。

表 6－1　　棉花期货交易各方持仓变化

	非商业多头	套利	商业多头	合计	非报告多头	非商业多头占比
1993 年	3281	3679	19570	30532	11296	17%
1998 年	10253	18812	52470	81536	18874	13%

续表

	非商业多头	套利	商业多头	合计	非报告多头	非商业多头占比
2005 年	26518	24596	57827	108940	14179	24%
2008 年	53936	33748	125927	213610	18142	25%
2009 年	28691	22980	74720	126391	12641	23%

表 6－2　　非商业净多单占比与棉花期货价格的相关性逐年提高

	相关系数	样本量	显著性水平
1993～1998 年	0.3	312	0.000
1999～2005 年	0.343	365	0.000
2005～2009 年	0.622	184	0.000

八、国内棉花期货和现货市场之间是否存在价格互动关系?

由于期货市场是在现货市场的基础上发展起来的，因此期货价格与现货价格之间有着密切的联系。现货价格是期货价格变动的基础，而期货价格通过交易者对未来价格的预期作用来调节和引导现货价格，实物交割使期货价格最终能够复归于现货价格。从理论上讲，成熟的期货市场，其期货价格与现货价格之间具有同升同降和收敛一致的特点。棉花现货市场是棉花期货市场建立的基础，期货市场既反应预期的现货供求关系，又反应仓单与资金的供求关系。

（一）中国棉花撮合交易价格是棉花现货的远期交易价格

撮合市场类似于一种准期货的形式，这个市场主要的参与者是涉棉企业。撮合市场设立了最近 6 个月的合约，基本上属于一种远期转让合同交易性质，撮合市场价格基本与现货价格保持一致趋势。撮合市场是上午 10：30 休市，我们可以利用时间差，按照近期合理价差，可以指导下午期货的操作。与期货交割制度相比，撮合的交割制度更为宽松，而且期货基准交割品是

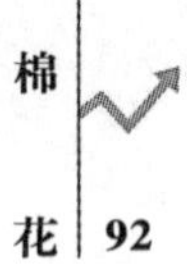

328 级别。所以在撮合市场接到的仓单不一定能抛转到期货市场，但在期货市场接到的仓单可以抛转到撮合市场。正常市场关系是期货价格大于相同月份合约的撮合价格。

（二）Cotlook A 和 Cotlook B 指数

Cotlook 棉价指数是反映国际棉花市场现货价格水平的一个指标，由 Cotton Outlook 出版。Cotlook 棉价指数分 Cotlook A 指数和 Cotlook B 指数。报价单位为美分/磅。Cotlook A 指数：是国际陆地棉贸易中选择十五个国家中五个最低的北欧现货到岸价的平均值。Cotlook A 指数的基准质量标准是 M 级1 ~3/32英寸（相当于中国 328 级）。报价的地理基础是北欧，所报的条件为到岸价（C. I. F），其中包括运输费、保险费以及盈利和代理商的佣金。目前这十五个棉花报价点是：孟菲斯、乌兹别克斯坦、墨西哥、土耳其、坦桑尼亚、加利福尼亚、巴基斯坦、澳大利亚、印度、巴拉圭、中国（329 级）、非洲法属区、希腊、叙利亚、西班牙。Cotlook B 指数：是国际上八个陆地棉品种中三个最低的北欧现货到岸价的平均值。Cotlook B 指数的基准质量标准是 SLM 级 1 ~3/32 英寸（相当于中国 428 级）。

（三）Cncotton A 和 Cncotton B 棉花价格指数

中国棉花网的 Cncotton A、Cncotton B 棉花价格指数（国家棉花价格指数）是中国棉花网的国内价格监测系统对国内 120 家棉花及棉纺织企业实际成交价格进行跟踪汇总得出。国内棉花期货近月合约价格往往围绕该指数波动。

国家棉花价格指数与纽约棉花期货价格之间的关系大致推测为：

国家棉花价格指数 = 纽约棉花期货价格 ×1. 06 × 230

如纽约棉花期货价格为 70 美分/磅，则国家棉花价格指数为 i7066，即 70 ×1. 06 ×230。

【案例 6 -4 ——棉花期货与现货的互动】

棉花期货上市 5 年来，远期期货价格始终引领现货价格走向，为棉农的种植意向提供指引。2004 年 6 月棉花期货挂盘以后，在三个多月的时间里棉花期货价格领先于现货市场一路走低。随着新棉花年度的到来，期货价格开始先于现货市场稳步上升（见图 6－11）。2006 年初，山东等省看到棉花远期期货合约价格高于现货价格 1000 元/吨以上，当年全省种植面积就从 2005 年的 1269 万亩增加到 1395 万亩，增幅近 10%。当年棉花收获后，收购价格一路走高，期货价格最高达到 15000 元/吨以上，与 2005 年价格相比，新增种植面积使山东棉农和涉农企业多增收 13 亿元。据统计，棉花期货上市以来，全国棉花种植面积一改以往大幅波动的情况，基本稳定在 8 千万亩以上。

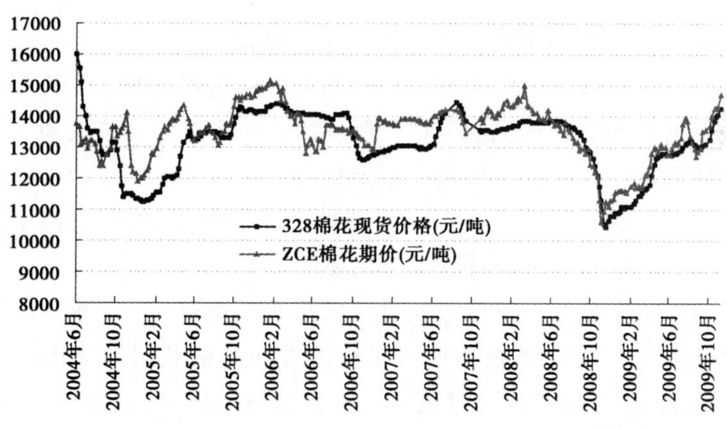

图 6－11　郑州商品交易所棉花与现货的互动关系在逐渐加强

期货与现货价格为何会趋同

期货与现货最直接的关系是通过到期交割连接起来的，期货到期以后也就转成现货，期货到期价格一般都会与现货价格相当或持平。

【案例 6－5——期现市场的共同参与者促进期现互动】

河北石家庄某棉花加工厂是一家国内大型棉花加工贸易集团式企业。该企业是最早利用棉花期货开展套期保值的企业之一。近年利用价格发现功能，既有效回避了以往单纯经营现货的风险，取得了较好的经济效益，又在棉花收购中以质论价，让利于棉农，在当地传为佳话。

具体做法：在棉花收购季节精算出每吨棉花加工成本，根据郑州棉花期货不同合约的每日报价匡算出不同合约间与加工成本的不同利润值；依照每日期货价格变动确定当日现货收购价，以小黑板形式每天在厂门前公布，小商贩根据此价收购，于当日天黑前将收购的籽棉缴到加工厂，第二天加工厂再依据当日棉花期货价格公布当日棉花现货收购价；加工出一个交割批次后及时申请注册仓单；仓单注册成功的同时在对自己最有利的期货合约月份卖出与注册仓单量相等的合约以锁定期现货利润；在交割月到来前根据期现货价格变动情况采取是否对期货部位平仓和卖出现货的选择。

【案例 6－6 ——如何利用期货价格指导现货经营】

棉花期货未上市前，农业产业化经营存在的主要问题是龙头企业和棉农没有形成紧密的利益联结机制，棉花收获时，企业担心价格波动大，不敢放量收购，或尽量压价收购。棉花期货上市后，由于有了期货价格的参考，企业开展期现货套利，只要能锁定现货与期货价格间的利润，就敢于以高于市场价签订收购合同，从而与棉农达到共赢。

湖北潜江市金城棉业有限公司是一家棉花经营企业，在棉价的跌宕起伏中艰难地生存着，2004 年棉花期货上市后开初尝试利用期货市场进行套期保值。“最初，参与期货只是想规避一些价格波动风险，后来与长江期货合作发现期货市场上好棉花可以卖上好价钱，而我们公司管理严格，加工的棉花都能达到国家标准，完全可以通过期货市场卖出去。现货和期货结合起来，灵活性大多了，销路和价格都有保证，公司的利润也大大增加了。”金城棉业有限公司董事长郑承平如是说。

销售和利润都稳定了，对于企业来说，要做的就是能够将货源稳定，2007 年初，金城棉业公司发起成立了潜江银丰金城棉花专业合作社，通过合作社为棉农提供全程服务：种棉前，每亩补贴 15 元（除国家直补外）；种棉中，给社员提供施肥、打药等技术服务；产棉后，根据利润情况给社员分红。目前合作社社员 5000 多户，落实棉花种植面积 5 万多亩，加工厂每年能安排 400 多人就业。“老早就签好订单了，棉花摘下来只管往这里交就可以了，其他的都不用操心，对公司和合作社我们放心的很。”种棉农民余启山这样说。村里现在大部分人家都种植棉花，因为棉花收益最稳定。

为保障棉农利益，公司采取两种方式让利于民：一是在棉花收购时，一般采取由合作社按高出最低保护价 3 ~5 分/斤的价格收购；二是在年底，根据收益以棉种的形式返利给棉农。

九、国内外棉花期货市场存在怎样的价格联动？

由于纽约期货交易所（NYBOT）棉花价格对世界棉花市场的指导作用，中国棉价与之一直有着很强的相关性。NYBOT 的期货影响全球的现货贸易，中国产量、消费量、进口量全球第一，对纽约期货价格起着重要作用，郑商所的期货价格理应成为全球的定价中心，但由于初期市场规模较小，所以还要在一定程度上受美盘影响。如果我们的市场能够规模扩大，相信对美国的影响会逐步增加。从图 6 – 12 可以看出，美棉指数与郑州商品交易所棉花价格指数存在明显的正相关关系。

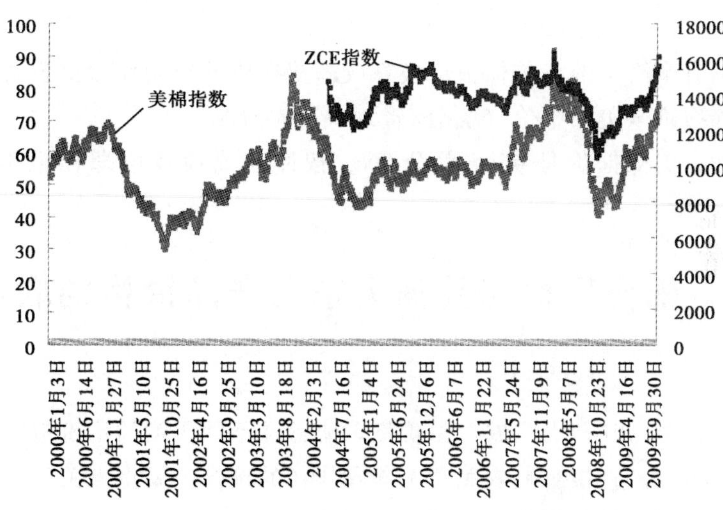

图 6 – 12 美棉指数与郑州商品交易所棉花价格指数对比图

纽约棉花期货市场是全球棉花的定价中心，1999 年以后，中国政府对棉花价格逐步放开，使得国内市场开始与国际接轨。随着贸易壁垒的不断消除，郑州棉花期货市场将成为全球重要的定价中心，对涉棉企业产生重大的指导意义。经过对美棉和郑棉从 2004 年 9 月以来的收盘价进行相关性计算，得到相关系数为0.88，说明国内外市场的价格趋势存在高度的正相关性。

【案例6－7——郑州商品交易所与纽约期货交易所棉花价格的互动】

纽约棉花对郑州棉花具有的影响主要表现在两个方面：一方面就是大致的运行趋势基本上保持一致，两者之间呈现正相关关系。郑棉11月合约从2004年6月1日上市之后创下的高点16000元/吨，下跌到8月13日低点12280元/吨一线，下跌幅度达23.25%；与此同时，纽约棉花12月合约从6月1日高点59.40美分/磅，下跌到8月12日低点42.60美分/磅，下跌幅度达28.28%，下跌幅度大致一致。另一方面就是纽约棉花隔夜的走势，对郑棉次日的开盘具有一定的影响，隔夜纽约棉花价格的下跌，往往引起郑棉次日的向下跳空低开。

随着郑棉持仓量的逐步放大，这种相关性和联动性将更为紧密。因此，在分析国内棉花走势的时候，一般可以以美棉为风向标，来解读国内棉花的后市走向。

这里有个简单的将美棉报价换算成郑棉报价的经验性参比公式：

郑棉报价＝美棉报价（美分/磅）×250＋1000

比如，美棉报价是46.5美分/磅，按照公式换算成郑棉报价为12625元/吨。

十、棉花价格与其他大宗农产品价格的联动关系如何？

棉花价格与其他大宗农产品价格走势存在不同程度的比价效应。农作物种植比较收益，直接影响农民对不同农作物的选择。要重点关注相关农产品市场如小麦市场的价格走势，两者有比价效应。

这是因为小麦播种时期在10月份左右，次年5月开始收获。而棉花基本在4月中下旬开始播种，麦棉轮作一般是在4月份没有收获的麦田进行棉花套种，假如棉价过低，农民宁愿选择不种棉花。因此棉麦之间存在一种比价关系，这种比价关系将决定两者的生产面积。该比价关系主要由每亩净收益决定（见图6－13）。

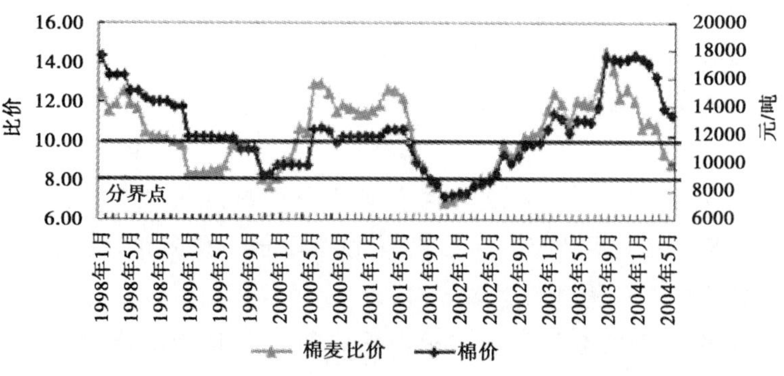

图 6－13　棉价与棉麦比价走势关系

【案例 6－8——种植比较收益影响棉价】

2003 年 9 月，棉花价格上市以后一路上涨，种植棉花的比较收益大幅提高，大大高于小麦和玉米，因此，2004/2005 年度，新疆、山东、河北、河南等棉花主产省农民大幅增加种植棉花面积。由于预期种植面积扩大，新棉产量增加，加上进口棉增加和国家宏观调控力度加大，导致 2004 年 3 月份以来国内棉花现货价格又一路大幅下跌。2004 年棉花上市以后的价格走势直接影响农民的种植比较收益，进而影响 2005/2006 年度棉花种植面积，并会影响 2005/2006 年度棉花产量和价格。

2008/2009 产季尽管我国棉花产量减少，但由于金融危机影响，我国棉花的种植收益大幅下滑，远低于水稻和玉米等作物，农民纷纷改种其他作物，造成 2009/2010 产季我国三大棉花主产区将分别减产 9%～11%。国内连续两年减产，而美国等出口国的增长量却不足以抵消中国的减少量，导致棉花期价在金融危机之后，开始缓缓上扬，一路稳步持续走高，棉价直逼金融危机之前高点，成为金融危机之后农产品中首个出现“牛市”行情的大宗商品。

自　测　题

一、填空题

1. 产量变化与______的相关度要高于对种植面积的相关度。如我国

2003年种植面积大幅度增加22%，但是由于后期天气原因，受雨涝和病虫害的严重影响，造成最后总产大大低于预期。

2. 我国棉花消费量居世界第一位，占世界总量的______左右，而且有增长的趋势。

3. 在研究棉花产量时，跟其他农产品一样都是从______两大方面来研究。其中，最基础的是对各主产区棉花种植面积的预测和数据的收集以及全球及国内棉花主产区天气情况的跟踪。

4. 期初库存形成本年度的供给，但我们进行供需分析时以分析______为主，因为期末库存反映的是本年度供给与消费的情况，而期初库存在年初已经较为确定了，对价格影响相对有限。

5. 棉花库存消费比一般在______为安全指标数值，这个数值为棉花库存消费比重要参考标准。

6. 棉花仓单注册、注销规律性强，每年的11月开始，逐步生成、增加仓单，3～5月仓单数量达到高峰。期现的价格格局是影响最终仓单生成量的关键要素。在次年的5月起，仓单开始注销，7、8月达到高峰。这反应了如下特征：上半个棉花年度往往期货价格______现货价格，下半个棉花年度容易期货价格______现货价格。

7. 在自然因素方面，需要特别强调的是______因素，气候变化对棉花生产影响极大。统计表明，我国产量变化与天气因素的相关度要高于对种植面积的相关度。

二、选择题

1. 棉花价格波动的影响因素中政策因素包括(　　)。

A. 国家棉花管理的重要政策和法规

B. 国务院颁布的棉花流通体制改革的措施

C. 国家发改委颁布的有关棉花质量监督管理、收购加工与市场管理

D. 国家棉花标准的修改、进口关税配额管理、出口货物退税率、国家储备棉收储政策等

2. 棉花价格波动的影响因素中交易因素包括(　　)。

A. 交易规则的变化　　　　B. 每周仓单增减

C. 各期货合约成交　　D. 持仓排名表

3. 在自然因素方面，需要特别强调的是天气因素，气候变化对棉花生产影响极大。黄河流域和长江流域棉区一般(　　)发生雨涝。

A. 9~10月份　　B. 3~4月份

C. 6~8月份　　D. 春节左右

4. 纽约期货交易所的期货影响全球的现货贸易，(　　)产量、消费量、进口量全球第一，对纽约期货价格起着重要作用，郑商所的期货价格理应成为全球的定价中心，但由于初期市场规模较小，所以还要在一定程度上受美盘影响。如果我们的市场能够规模扩大，相信对美国的影响会逐步增加。

A. 中国　　B. 印度

C. 美国　　D. 赞比亚

5. 棉花价格与其他大宗农产品价格走势存在不同程度的比价效应。农作物(　　)，直接影响农民对不同农作物的选择。要重点关注相关农产品市场如小麦市场的价格走势，两者有比价效应。这是因为小麦播种时期在10月份左右，次年5月开始收获。而棉花基本在4月中下旬开始播种，麦棉轮作一般是在4月份没有收获的麦田进行棉花套种。假如棉价过低，农民宁愿选择不种棉花。因此棉麦之间存在一种比价关系，这种比价关系将决定两者的生产面积。该比价关系主要由每亩净收益决定。

A. 供需缺口　　B. 产量

C. 消费　　D. 种植比较收益

6. 中国棉花交易市场棉花撮合交易价格，它是棉花现货的远期交易价格。撮合市场类似于一种准期货的形式。这个市场主要的参与者是涉棉企业。撮合市场设立了最近(　　)个月的合约，基本上属于一种远期转让合同交易性质。撮合市场价格基本与现货价格保持一致趋势。撮合市场是上午10：30休市。

A. 12　　B. 3

C. 6　　D. 9

7. 现货市场，棉花季节性因素描述正确的是(　　)。第四季度的棉花收获期，国家政策往往注重农民利益，春节过后的第二季度，纺织厂的利益也容易受到关注。这些季节性因素经常成为卖棉花阶段性价格波动的触发点。

A. 每年3月到5月，投资者关注农民的植棉意向和播种面积

B. 7月到8月，投资者关注棉花生长情况，干旱或洪涝都将引发棉价剧烈波动

C. 9月到10月，投资者关注棉花收获情况，连续阴雨会降低棉花质量和产量

D. 11～12月，投资者炒作供给缺口问题

8. 供需因素包括全球棉花种植面积、单产和总产的增减以及(　　)的变化等。

A. 新棉收购价格　　B. 棉花库存

C. 棉花加工能力的变化　　D. 棉花替代品价格

参考答案

一、填空题

1. 天气因素　2. 30%　3. 种植面积和单产　4. 期末库存

5. 30%　6. 高于，低于　7. 天气

二、选择题

1. ABCD　2. ABC　3. C　4. A　5. D

6. C　7. ABCD　8. ABCD

第七章
棉农、加工企业如何利用棉花期货

【本章要点】

本章主要介绍了棉花生产与加工中存在的一些问题，以及棉花期货市场的价格发现与套期保值功能。通过简洁明了的语言阐述了棉农如何利用这些功能指导种植与卖棉，加工企业如何通过参与棉花期货市场来降低采购成本、提高采购质量、合理安排生产与销售。书中尽量通过简单、真实的事例讲解，摆脱说教式的理论知识，为处于棉花产业链条上游的棉农及轧花厂等加工企业提供参考意义。

一、传统的棉花种植方式存在哪些问题？

棉花是人民生活的必需品，也是重要的工业原料和军用物资。在国民经济发展中起着重要的作用，国际国内需求量很大。在农业生产中，种植棉花效益比较高，所以说种植棉花是农民发家致富的好途径。搞好棉花生产与销售，有利于农业生产结构的调整，具有重要的现实意义和深远的战略意义。值得深思的是，在传统生产模式下，我国棉花生产与销售却存在一系列问题。

（一）棉农种植存在较大盲目性

棉农通常根据前一年棉花的现货价格安排当年的棉花生产，但由于我国现货棉花市场不完善，信息不透明和不及时导致价格波动较大，棉农得到的现货棉花市场信息难以合理引导棉花种植，棉农在生产、流通环节受到利益侵害。可以肯定，棉农迫切希望获取比较真实的、反映现时及未来一定时期市场供求的一系列棉花价格预测信息，以便合理安排生产，减少生产的盲目性，最终获得合理的利润。

（二）棉花价格波动剧烈，棉农收益不稳定

如果在棉花生长期间天公作美的话，农民可望获得丰收。结果，棉花充斥市场而供过于求，价格下跌。这时，种植棉花的农民反而不得不低价卖棉花，收入下降。如果在棉花成长期间，气候干燥，雨水过量或病虫害大面积发生，就会造成歉收，即使棉花价格上涨，棉农依然无法获得正常生产收益。产量忽高忽低导致棉花价格巨幅波动、种棉收益不稳定、棉农缺乏安全感，从而使农民转种较有把握的玉米、小麦等大田作物。

（三）棉花生产规模小、效益低

由于分产承包，我国棉花生产普遍经营规模小、成本高、效益低。棉农介入棉花期货交易要求有一定的生产规模，而真正属于农民自己的棉农专业合作组织发展滞后，按目前的经营规模棉农很难开展棉花期货业务，严重制约了棉农对期货市场的间接利用，无法合理规避风险。同时，过高的生产成本也使棉花价格大大高于国际市场平均价格水平，致使在国内棉花供大于求的情况下，大量的国外棉花仍通过各种渠道涌入国内，加剧了供求矛盾。

（四）棉花品质差，无法满足现代棉纺织工业的需求

我国棉花产业与国外相比，不仅生产的品种少、产量低，而且品质低。

商品棉异型纤维含量高、原棉产品一致性差、同级棉不同批次不同棉包产品等级有差异，难以满足现代棉纺织工业的要求。期货价格还会作为一种强烈的信号引导棉农优化种植结构，淘汰没有竞争力的棉花品种，转而种植低投入高产出的优质棉，追求“优质优价”。通过期货市场的引导，使农民知道种哪些品种、种多少面积，以销定产，根据市场需要种植适销对路的优质棉。

那么，包括农民在内的棉花产业链上的群体怎样才能获取较为合理的棉花预测价格？当未来的价格无法预测，能够转移价格风险的工具又是什么？答案是期货合约。期货以其独特的功能将物质与货币紧密结合，为实体经济提供了很好的指导作用。

二、农民如何利用期货价格合理调整种植结构？

农产品生产价格与农业结构调整相互作用、相互影响，期货市场的价格发现功能有助于引导农户合理安排和调节生产结构，促进农业经济持续、稳定和健康发展，有助于棉农挖掘卖出时机、获取稳定收益。

（一）棉花期货价格为调整种植面积提供指导

2006年年初棉花种植季节，山东省棉花协会根据棉花期货价格高于现货价格每吨1000多元的情况，预测到随着国内用棉量的增加，新棉价格将会出现涨势，遂在全省广泛宣传种植棉花的收益。当年全省种植面积从2005年的1315万亩增加到1400万亩，增幅6.5%，仅此一项，使山东植棉农民和涉农企业多增收10亿多元。统计数据显示，棉花期货上市以来，全国棉花种植面积一改以前大幅波动的情况，基本稳定在8000万亩上下。不少棉花流通企业和加工厂通过在期货市场上保值，敢于向棉农承诺最低收购价，在稳定农民收入的同时稳定了棉花种植面积。

潜江是湖北粮棉主产区之一，耕地面积100万亩，水稻一直是潜江的主要农作物，但是2003年以后，在潜江金城银丰棉花专业合作社的带动下，实施“订单+期货”战略，参照期货价格向棉农承诺当年籽棉的最低收购价，使当地棉花种植面积一直稳定在50万亩以上，成为潜江最主要的农作

则是棉花某月份期货合约价减去发货时到合约到期日的仓储费、资金利息等成本。之所以这样定价是出于如果此价没人买，就在期货市场卖出，反正现货持有成本已计算在期货合约价格内。待期货价对自己有利时，择机在期货市场平仓的同时卖出现货。公司总经理杨庆文说，由于有了郑州棉花期货市场，经营量逐年扩大，已由 2003 年的年产销 7000 吨，增加到 2010 年的 3.1 万吨，占当地年籽棉产量的 20% 以上，对稳定当地棉花种植面积起到了积极作用。

三、怎样利用棉花期货市场拓展棉农增收渠道?

期货市场独有的“订单 + 期货”模式有助于通过多种渠道增加农民收入。订单农业就是在农业生产经营过程中，农户按照与企业或中介组织签订的合同组织安排生产，待农作物成熟后，企业或中介按照合同收购价格收购农产品，这种经营方式可以有效避免生产的盲目性，增加农户种植收益。

（一）棉农从棉花期货价格倒推籽棉收购价格中增加收入

由于每年棉花收获前后，众多棉花期货的参与者对当年供求关系预期的偏差，往往会出现远期期货价高于现货价的情况。一些棉花经营公司依据远期期货价格，在扣除必要费用后，推算籽棉收购价，常常既能保证期现套做的利润，又能以略高于市场价收购籽棉，使棉农从期货市场得到实惠。

湖北银丰公司自 2005 年以来，在“订单 + 期货”的总模式下，每年在 9~11 月份棉花收购季节，都参考来年棉花期货 1 月、3 月价格，推算当年籽棉收购价，然后通过期货市场做套期保值，既保证了自身的经营利润，又保护了棉农的种植利益。2007 年 10 月棉花收获季节，郑州棉花期货 2008 年 1 月合约价为 12215 元/吨，当时籽棉收购价 2.5 元/斤，折合皮棉价格 10300 元/吨。该公司根据期货价格倒推籽棉收购价，以 2.55 元/斤的价格敞开收购籽棉，扣除加工费、仓单制作、运输等费用，不仅每吨有 380 元的经营利润，而且棉农每吨增加收入 100 元（每市斤增加收入 0.05 元）。“开展期货业务离不开稳定的资源，否则就容易陷入投机的陷阱。”银丰公司副总经理陈大忠说，公司与棉农进行合作并让利于他们是为了掌握稳定优质的棉花资源。据他介绍，银丰公司通过让利于棉农的模式，积极建设资源网络，先后在湖北省内外建立起 24 个棉花收购加工基地，并采取订单收购、让利、返利等利益联结方式，在黄梅、沙洋、京山、仙桃等地创办了十多个银丰棉花专业合作社。2008 年，公司还率先成立了全国首家省级棉花专业合作联合社，与省内 7 个县市的 163 个村签订了棉花生产订单合同，覆盖植棉面积 58 万亩，带动农户 5.3 万户。合作社对棉农进行产前、产中、产后的一系列扶持活动，使签订订单的棉农共增收 1200 万元，户均增收 220 元。

（二）棉农从“订单 + 期货”模式中增加收入

从 2004 年开始，湖北潜江金城棉业公司就开始探索“订单 + 期货”的模式。当时与棉农签订订单农业协议时就写明：公司收购棉农的棉花价格每市斤高于市场价格 0.03 ~0.05 元。2005 年签约订单 800 户，植棉面积 4000 亩；2006 年签约订单 1500 户，植棉面积 11000 亩；2007 年在银丰公司的帮助下成立金城银丰棉花合作社，当年签订订单 3000 多户，签约植棉面积 2 万多亩；2008 年以后，合作社开始以“村”为单位签订订单，使双方之间形成了更稳定长远的关系，更利于双方履行订单合同。

“农业产业化合作社的有效运行是以企业的效益为保障，期货则给了我们一个很好的手段来规避风险，保障效益。”银丰公司副总经理陈大忠说，有了规避风险的工具，企业就可以到周边省份及新疆等地建立收购基地和专业合作社，扩大棉花收购规模，掌握更多的现货资源。“通过‘订单 + 期货’，我们企业实现了从传统经营方式到农企合作、期现结合的现代棉花经营方式的转轨，企业获得了巨大的发展空间和动力，影响力和信誉度不断提高，经营规模和盈利水平逐年上升，规避价格波动风险和反哺农业的能力不断增强，促进了棉农增产增收，真正实现了农企双赢。”

除了潜江金城棉业公司外，2008 年，湖北另一家大型涉棉企业——银海棉业有限公司与棉农签订订单的面积也达到了 70 万亩，该公司还将服务“三农”列为企业责任的“三增”之列，即“农民增收、企业增效、国家增税”。买卖双方原本是处于对立的，而这些企业却以“订单 + 期货”的经营方式，使农民与企业这对传统的“甲方”、“乙方”结成了利益共同体。随着期货市场功能的不断发挥，将会有更多的优秀企业脱颖而出，在实现企业利益的同时，能够有能力、有意愿地担负起企业的社会责任。

社会主义市场经济对许多人而言还是一个比较抽象的概念，而通过“农企合作、期现结合经营”的这些例子便可对其窥见一斑。期货市场原是舶来品，而一家一户的分散生产方式是我国农业生产延续已久的现实状况，要建设社会主义新农村就不能只走老路，也不能照搬西方的农业生产模式，唯一的办法是因地制宜，与时俱进。“订单农业”在我国已经发展了多年，在没有期货市场的时候，企业难以规避市场价格波动风险，自己便是“泥菩萨”，又谈何服务“三农”呢？如今，企业重新装备了期货这一“现代化武器”，增强了自身的抗风险能力，在经营之路上行进得更加自信，无论是“公司＋合作社＋农户”、“订单＋期货”的银丰模式，还是“公司＋农户”、“订单＋期货”模式，都使棉农成为了受益者。农产品期货市场保障了这些涉农企业的效益，使农民从中得到了实惠，并在“订单农业”的实施过程中实现了农产品种植结构调整，其通过有效服务“三农”，进而服务了整个国民经济的发展。

（三）通过“订单＋期货”模式中的“二次返还”等形式，增加棉农收入

由于企业参与期货市场进行套期保值，规避了风险，提高了企业效益，便可以通过“二次返还”等形式让利给棉农。

2007年，潜江市渔洋镇金城村农民魏敦雄与潜江银丰金城棉花专业合作社签订的棉花种植合同，收获的棉花全部卖给了银丰公司，卖价比最低保护价高0.03～0.05元/斤，卖出后公司又给了0.04元/斤返利，再加上产中的各种资金支持，每亩地折合141元，种植的12亩棉花就使他多收入了1692元。京山棉花合作社每斤按0.06元，与35户社员实行二次结算近8000元，户均返利229元，最高的一户为667元。石流港棉花专业合作社和仙桃红阳棉花专业合作社按0.03元/斤直接向农民返利，仅此一项，这两家合作社的棉农就分别增收9万元和4万元。得到“二次返利”的棉农高兴地说，种了一辈子棉花，还真是第一次遇上卖一次棉花给两次钱的买主。尝到甜头的棉农，种棉的积极性持续高涨。

据了解，该合作社2009年已与渔洋及周边3县25个乡镇的农户签订

5100多份生产订单，总植棉面积达4.6万亩。为什么能给农民带来这么大的实惠？金城棉业公司董事长郑承平直言不讳："我们公司2007年加工棉花的成本是11700元/吨，在现货市场卖能挣300元，但是在期货市场卖就能挣1000元以上。只有卖到好价钱才能给社员多分红。"

四、棉花期货在促进农村组织形态转变上能够有哪些作为？

"三农"问题的核心是农民问题，分析发达国家现代农业发展的成功案例可以看出，农民依靠各种合作组织参与竞争，是发达的市场经济国家的共同经验。近年国家在中央的一号文件里多次提倡在有条件地区建立农村经济合作组织，使合作组织成为农民进入市场的代表。棉花期货推出后，在农民经济合作组织的发展壮大方面起到积极的推动作用。湖北、河南、山东等棉花主产区涌现了不少农民合作社组织，在棉花种植和销售中通过和期货相结合，保护了农民利益，增加了农民收入。

（一）"银丰模式"是期货对接"三农"的有益探索

"银丰模式"的实质是通过"公司+合作社+棉农"的组织模式创新保证棉花的供给数量和质量，通过"订单+期货"的经营模式创新，利用期货市场转移订单农业的价格风险，提高订单农业履约率，推动农业产业化发展，增加农民收入。在"银丰模式"中，合作社起着承上启下的组织作用。银丰公司发起领办合作社，最初也经历了探索磨合阶段，后来通过确定最低收购价、"二次返还"、免费供种等形式才逐步将合作模式固定下来。目前，银丰公司已经超越了传统意义上"先买后卖"的棉花经营企业，从昔日的"棉贩"转变成为灵活运用衍生品工具转移风险的现代"棉商"，形成了"公司+合作社+棉农"的产业化经营共同体。

"银丰模式"的特点是通过合作社，把农民有效地组织起来，实现企业和农民的有效对接，形成小生产向大市场的转变。通过期货市场的介入，保障了订单的执行，实现了订单和利益的有效对接。"银丰模式"是银丰公司在国家政策支持和引导下积极探索的结果，在棉农和企业利益之间找到了和谐的平衡，改变了农民在市场经济中的弱势地位，保障了企业的贸易资源和商品质量。而“订单+期货”的运用从根本上解决了企业风险规避问题，提高了订单履约率，实现多赢局面。

“银丰模式”的可复制性表现在三个方面：首先，“银丰模式”符合国家关于服务“三农”的大政方针。“三农”的核心问题，是解决农民收入低、增收难的问题。政府工作报告中多次指出，坚持把加强农业生产、发展农村经济、增加农民收入，作为经济工作的重中之重。“银丰模式”在增加农民收入方面进行了大胆尝试，具有巨大发展潜力。其次，“银丰模式”的参与各方都是棉花产业链上不可或缺的一部分，相互有分工、有合作，又互相不可替代。“公司”是链条的下端，负有与市场对接参与竞争的责任；合作社是棉农和公司之间的桥梁，负有组织棉农、连接公司与棉农的责任；棉农是链条的上端，负有保质保量生产的责任。这种联合形成一个有机整体，具有天然的生命力。最后，产业链上的各方有自己的经济利益，这种利益既依附于对方，又是自己劳动所得。所以说，这种一损俱损、一荣俱荣的经济利益共同体，符合市场经济的一般原则。近几年，继银丰公司之后，湖北已自发形成“公司+合作社+棉农”的各类组织数十家。河南扶沟、河北衡水、山东菏泽、安徽安庆等地也形成了不同规模和方式的公司与农户的合作组织，他们中间有的正在磨合之中，有的已利用棉花期货市场的平台初见成效。如河南扶沟形成的“公司+协会+农户基地+期货”的做法，仅2007年就给加入棉农协会的农民增收了600万元，涉及11万亩棉花，使1.2万户棉农受益；2008年受益棉农达2.5万户，农民增收2000万元。除此之外，作为主要参与方的河南中方实业公司还开展棉花产业链延伸，就地开办纺织企业，给当地农民提供了大量就业机会。

（二）“银丰模式”的核心是使农民增收

前些年，围绕期货市场如何为“三农”服务问题，虽想了不少办法，如送期货信息下乡、对农民进行现代知识培训等，但都收效甚微。“银丰模式”抓住了“三农”的核心——农民增收问题，使期货市场服务“三农”问题有了质的飞跃。其中的关键环节和主要功能体现在：

第一，产销对接，保障履约。“银丰模式”为了提高履约率，企业在每年棉花播种前都要通过合作社与农户签订书面协议，明确品种、种植面积、籽棉价格价款结算等内容，另外，订单中还就双方的违约责任等方面进行制约，使企业和农民都能放心生产和经营。

第二，全程服务，保证棉农利益。种棉前，通过选种为农民提供 3～4 种优良品种，每亩再补贴合作社棉农 15 元种子款（国家直补 25 元）。同时，启动湖北省棉花种植保险试点，棉农每种一亩棉花可获得 400 元的保障。种植过程中，为合作社社员提供统一批发的化肥、农药（价格比市场价低，质量有保证）。收获时，合作社指导棉农科学采摘。棉花合作社提前把棉包、棉袋、棉帽免费送到棉农家中，指导棉农做好“四分”工作，防止“三丝”混杂，收购时实行优质优价，使棉农辛辛苦苦种出的棉花能卖个好价钱。农民交售籽棉时，按订单进行第一次结算，如后期行情上涨，合作社再拿出部分经营利润，与棉农进行第二次结算。

第三，稳定货源，向规模要效益。银丰经验表明，只有稳定货源，才能保证经营，只有做大规模，才能保证效益。种植前，公司让农民吃“定心丸”，承诺“保底收购价”、高于市场平均收购价等，等于给棉农吃了一颗“定心丸”；种植中，做好配套服务，帮助棉农科学种棉、种好棉，利用广播、社员大会、村组干部会议、订阅报刊等形式介绍棉花流通政策、棉花市场行情和种植信息等，提高农民的参与意识和市场判断力；种植后，严控棉花质量，公司通过合作社提前为社员发放棉制的袋子和棉帽等用于采摘籽棉，指导棉农做好棉花分摘、分晒、分存、分售工作，并组织专人专车到农户家中收购籽棉。通过系统服务和给棉农实惠，真正做到了稳定货源，把规模做大做强。

第四，期货保值，回避风险。棉花期货上市前，一些企业为了稳定货源，也曾承诺籽棉收购保底价，正如 2003 年银丰公司与黄梅小池合作社签订的保底收购一样，往往由于缺乏价格风险转移的手段而经常不能落实。棉花期货上市后，棉企可以根据期货价格折算籽棉收购价，择机通过期货保值，就可以锁定卖价，锁定利润。经过近几年期货实战，银丰公司探索出了多种利用期货市场的方式，保障企业经营的棉花价格波动风险转移，这就使得公司敢于做大规模。因此说，利用期货市场套期保值、回避现货市场经营风险才是银丰公司做大做强的保障。

第五，信贷资金做后盾，做大做强有保障。期现套做比单做现货需要更多的资金，尤其是做卖期保值后遇到期货价格上涨行情。不少企业因资金问题不敢大量参与期货套期保值的主要原因就是后续资金跟不上。银丰公司由于有农发行的信贷资金支持，很好地解决了价格上涨而可能面临的资金追加风险。作为银丰公司主要贷款银行的湖北省农业发展银行在支持银丰公司参与期货套期保值方面的做法是与期货公司、棉企签订三方监管协议，保证货款资金在交割后足额及时偿还，同时对公司的全部经营过程进行监管。近年来，由于银丰公司严格在购销环节买卖数量均等，销定了利润，公司连年盈利，能够按时归还全部贷款，湖北省农发行也愿意多贷款，从而形成了银行与企业间存贷的良性循环，这为公司进一步扩大经营规模搭建了更好的资金平台。

五、加工企业如何利用棉花期货安排籽棉收购?

棉花期货推出后，中国的棉花加工企业不仅可以利用棉花期货价格指导采购业务，有效规避季节性因素对棉花价格形成的冲击，还能够根据棉花期货市场规范的质量标准提高收购质量，满足生产需求。

（一）利用棉花期货市场指导收购价格

在棉花期货上市之前，面对瞬息万变的市场价格，棉花加工企业只能冒很大风险在收获季节收购籽棉，加工后待价而沽，遇上不好的年景往往亏损很大。特别是每年籽棉收购的时候，常出现抢收籽棉的现象，人为恶意竞争导致的成本上升无疑给轧花企业带来皮棉价格下跌的风险。

而棉花期货上市后，加工企业有了预期价格指导，并采用期现套利和套期保值的方式，从而可以放开手脚收购籽棉，然后在期货市场“锁定利润”，这在棉花期货出现之前是难以想象的。通过期货价格预期指导作用并结合期现经营模式，加工企业不再担心抢购和价格下跌。如果期货价格信号显示远期棉价上涨，那么企业可以提前做好收购籽棉的准备，在籽棉收购初期可以适当高于市场价进行收购以确保收购的竞争优势；当市场出现恶意竞争时，暂停现货收购转而通过期货市场以保证金的方式购入棉花以避开市场抢购局面。

（二）利用棉花期货提高棉花整体质量

1. 提高棉花质量是棉花流通体制改革需要解决的突出问题。1999 年棉花市场放开后，加工能力严重过剩的问题非常突出，众多企业在争夺有限资源的过程中，造成了棉花加工质量下降、混等混级、“三丝”和水份超标成普遍现象，严重影响了我国棉花产业的发展，也损坏了棉农的利益。为此，国家几乎每年都要召开会议并出台严厉措施解决棉花质量问题。

棉花期货运用市场化手段逐步改变了棉花加工质量差的状况，棉花期货上市以后，对棉花的加工质量起到很大的提升作用。棉花期货交割库荷泽市棉麻公司荷泽转运站站长葛建党表示，棉花期货的质量标准其实就是国家标准，只有严格按国家标准加工棉花，才能交到期货市场，才能到交割库进行公检，即使公检没有通过，价格也比其他一般棉花要高出 200 元/吨左右。

菏泽科迪棉业公司为了保证棉花加工质量，严把加工各个环节：收购时，对质量好的棉花每市斤加 0.05 元；收购后组织近百人进行分拣；同时不惜重金购来测棉花回潮设备。公司经层层把关生产出的棉花公证检验期货交割合格率达到 98%。仓单在期货市场卖出好价钱的同时，棉农也从优质优价中得到了实惠。

2. 棉花期货促使加工企业提高质量标准化意识，改进加工工艺。棉花加工企业要想通过期货市场卖出棉花，一般要采取以下几项措施：一是对籽棉严把收购关，好籽棉自然可以卖出好价钱；二是加大挑捡异性纤维的力度；三是做好收购和存放时的分级工作；四是提高僵瓣棉的拣出率；五是完善加工时的排杂装置。有些企业甚至还把质量管理“关口”工作前移，在收购环节通过向棉农发放纯棉棉袋和棉衣棉帽，来减少异性纤维的混入，要求农民做到“分摘、分晒、分存、分售”。通过一系列的努力，期货交割棉的合格率达到 90%。新疆贝正棉业公司是新疆最早参与棉花期货交易的企业，从 2006 年到 2008 年共计交割棉花 318440 吨。

谈及按棉花国标加工棉花的情况，该公司总经理张闻民说：“由于多年形成的现货市场习惯，从棉农到加工厂对质量不够重视，收购季节常可看到棉农赶着小毛驴，用塑料编织袋装着籽棉，交售后掏出腰刀割破编织袋往棉垛上倒棉花。这就使大量驴毛、塑料丝混入棉花，造成大量异性纤维混入，严重影响棉花质量。棉花期货上市后，为了保证生产的棉花减少异性纤维，我们专门收购了几个加工厂，派专人监督加工过程。在收购季节还派人到棉田，给采摘人员发放专用布袋，真正做到进入棉田‘人带帽子狗穿衣’，以确保籽棉不混入异性纤维。”

3. 随着棉花期货市场规模的扩大，我国棉花质量水平将进一步提高。自从棉花期货上市以来，通过一些加工企业的尝试，目前每个棉花年度均有约占年产量2%左右的棉花通过期货市场流通。目前，大部分加工企业通过期货市场组织仓单加工。由于知道了棉花的国家标准和包装标准，了解了如何能够让加工出来的棉花达到国家标准，加工企业在经济利益的驱使下，更多地参与到通过期货市场套期保值。由于涉棉企业通过棉花期货市场可实现优价销售，普遍积极性较高，而一些生产高档纺织品的企业也已将目光转移到高质量的期货交割棉。郑商所通过中国棉花网对99家使用期货交割棉的纺织企业调研后发现，纺织企业对期货交割棉花的质量满意度达到96%。宁波百隆纺织有限公司、江苏华芳纺织集团每年都“舍近求远”地到棉花期货交割库提取期货棉。有些纺织企业根据用棉量分月通过期货市场买入棉花，既锁定了成本，又得到了高质量的棉花。河南省纤维检验局一位多年从事棉花公检工作的检验师认为，棉花期货交割的实践证明，通过市场利用经济杠杆是解决棉花质量问题的有效方法。棉花整体质量的提高，在使棉花产业链上的各方受益的同时，棉农也是直接的受益主体。

六、加工企业如何利用棉花期货安排生产、合理销售?

加工企业可以通过期货市场的价格预测功能，合理安排生产进度，及时调整营销战略，充分发挥提前参与期货市场的经验优势，走出“中国式棉企”的产业化发展道路。

（一）加工企业利用棉花期货市场安排生产进度

棉花加工企业在产业链上兼具籽棉收购和皮棉生产、销售业务，当棉花价格出现波动时，企业的风险就会加大。一旦出库不畅，现货挤压，就会面临贬值风险。而此时棉花期货为加工企业提供了风险管理工具。企业在收购籽棉的同时，一方面可以择机在期货市场卖出等量的棉花期货合约，提前锁定利润以化解价格波动带来的市场风险；另一方面，加工企业可以根据期货价格发出的信息来安排生产进度以避免库存挤压。当行情清淡，出库不畅的时候，可以适当减缓生产进度，转而将精力更多地放在其他业务上；当期货价格发出行情转好或转旺的时候，适当加快生产进度。

某轧花厂，根据期货价格信息判断2008年棉花市场将走入一个低谷，于是决定减少籽棉收购降低皮棉加工，转而将更多的精力、人力、财力放在工厂扩建、设备更新上。尽管2008年籽棉收购量、皮棉加工量大幅下滑，但与竞争对手相比，不仅成功避免了价格暴跌导致的现货贬值，更重要的是在竞争对手还在忍受剧痛的时候，完成了工厂扩建、设备更新换代的重要任务。随着金融危机影响渐趋平淡，棉花在期货市场的交易逐渐活跃，轧花厂也开始积极行动起来，当别人无力收购籽棉的时候开始大量收购籽棉，加大现货生产进度。当市场摆脱金融危机的影响，该轧花厂已抢先一步完成了布局，拥有了充足的库存、畅通的销售网络和具有竞争性的皮棉价格等。通过期货信息，领先竞争对手一步，就抢占了整个市场。

（二）加工企业根据棉花期货价格制定销售策略

什么时间、什么价格进行皮棉销售是皮棉企业普遍面临的难题。棉花具有很强的季产年销特性，每年的九月份到次年的二三月份是加工企业集中收购籽棉加工皮棉的时间，加工的皮棉全年进行销售。一旦采购完毕，全年销售的皮棉成本也即确定，销售价格高出成本越高获得的收益就越大。虽然市场价格瞬息万变，但我们可以根据期货价格信息，对照现货价格进行期现组合销售策略。

【案例7-1——利用期货信息制定灵活可行的现货销售策略】

天门天一棉花有限公司是最早进入期货市场进行套期保值的棉花加工企业之一，多年来潜心经营，充分利用期货工具，取得了很好的效果与成绩。早在2004年6月棉花期货上市之日起，天一公司就敏锐地认识到棉花期货将会助推企业高速发展。长期从事棉花贸易的公司领导人，深刻地领略过在

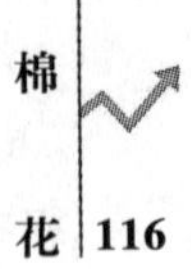

没有棉花期货的日子里由于价格剧烈波动对“棉花人”的影响。

与大多数企业一样，初识期货市场的天一公司最初只是把期货市场当成企业进行简单套期保值规避价格风险的场所。2008年，当现货市场销售面临巨大风险时，天一公司与长江期货联合建立了信息共享平台，结合期现货市场分析决定一边入市采购原料，一边积极根据当天的原料收购数量进行卖出套期保值（见图7-1）。由于当时价格下跌很快，很多未进行套期保值的涉棉企业亏损巨大甚至濒临停机歇业，而天一依然能够维持正常的开机运营。天一公司在长江期货研究部相关人员的分析帮助之后改变观念，认为按目前的期货价格套保后虽然也会有亏损，但套保不仅仅是保价格，更应该是保趋势。在棉花价格大幅下跌之后，很多企业因为前期高价库存账面严重亏损而纷纷惜售，整个行业举步维艰。天一公司却抓住机会，迅速卖掉了现货，甚至在适当的情况下降价出货。究其原因，不过是天一公司在期货进行了套期保值，能保住一定的加工费用，从而能够在适当的时候降价销售增加销售额，回笼资金。通过期货工具，天一公司规避了风险，保证了企业的正常生产，掌握了棉花销售市场的主动权。

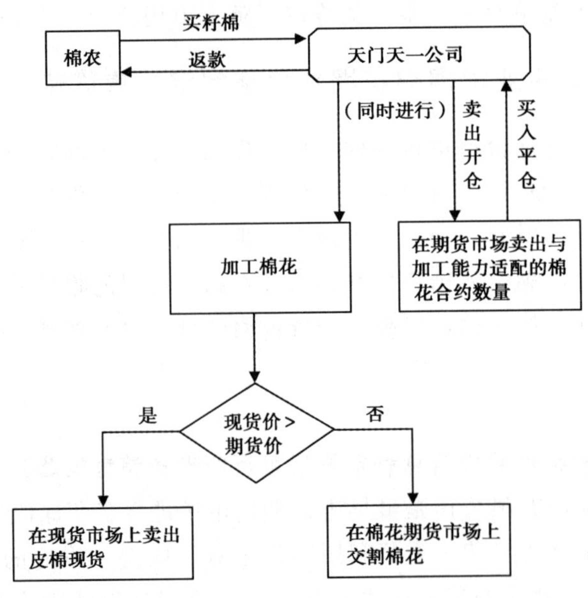

图7-1　天一公司2008年期现结合的经营策略

七、加工企业如何利用期货避免现货库存风险？

通过参与期货市场，加工企业可以对存货进行价格“保险”，变被动适应为主动出击，降低经营风险，甚至取得可观的经济效益。

棉花加工企业身兼籽棉收购和皮棉加工，而籽棉收购往往比较集中，若在籽棉收购期里不收购一定量的籽棉进行储备的话，后期就会出现“无米之炊”，因此加工企业一般都会在收割期里囤积籽棉。而加工后皮棉属于全年销售，一旦棉花价格低迷或出现大跌，那么库存中的籽棉和加工后未及时销售的皮棉都会贬值。库存贬值不仅会降低企业利润，严重时甚至会出现亏本现象。按照前面所述，可以选择参与期货市场进行卖出保值避免价格下跌导致的库存贬值。

【案例 7－2——棉花期货护航，成功避免现货贬值风险】

2005 年，棉花市场出现一个小牛市。当时大部分人判断牛市还将延续。仙桃一轧花厂决定大量收购籽棉以便来年有好价钱出现“大赚一把”。2005 年 9 月份开始有零星的籽棉上市时，该厂就开始出动人力进行收购。随着收购群体增加，该厂为获得更多的籽棉以高于市场价 0.1～0.2 元/斤的价格进行收购。在价格的作用下，该厂抢收了该镇 60% 以上的籽棉，折合皮棉成本价格约 14000 元/吨。

随着籽棉收购渐趋平淡，棉花价格涨幅放缓，2006 年棉花现货价格由 2 月份的 14400 元/吨一路下跌。期盼的牛市没能延续反而有逆转的迹象。由于看好后市，该厂一直放缓皮棉出库，导致未加工的籽棉和未销售的皮棉库存都远远高于往年同期。直到长江期货为其提供了一套解困方案才解决了难题。

根据方案设计，该厂于 2006 年 5 月 24 日在 CF0609 反弹至 14150 元/吨附近时，卖出 10000 吨棉花期货合约；于 7 月 28 日期货价格跌至 13900 元/吨时开始平仓，期货上获利 14150－13900＝250 元/吨。由于现货没能及时卖出，只能按每吨 13810 元的均价卖出，每吨少卖 270（即 14080－13810）元（见图 7－2、表 7－1）。

图 7－2 郑州商品交易所棉花连续 K 线图

表 7－1 **卖期保值操作方案表**

	现货	期货
5 月 23 日	14080 元/吨	14150 元/吨
7 月 28 日	13810 元/吨	13900 元/吨
结果	少卖 270 元/吨	赚 250 元/吨

尽管从数据上看，期货和现货操作完成后还亏损 20 元/吨。但是需要指出的是，偏高的现货库存不可能在短期完成销售的任务，而期货市场由于高效的流动性却很容易做到；尽管算起来还少赚了 20 元，但是由于销量大，获利还很可观；更重要的是通过期、现货市场的操作，解决了库存偏大带来的贬值风险。

八、加工企业如何利用棉花期货避免毁约风险？

签订合同是现货市场常见的现象。而“毁约”事件也常常出现，一旦“毁约”，会影响到企业的正常生产与经营。对于棉花加工企业而言，供销合同毁约都将会影响企业的正常生产经营。如何避免这种情况发生造成的损失，在没有期货之前是难以想象的，当有了期货，根据套期保值的原理进行操作就能避免。

【案例 7－3——有了期货不再怕“毁约”】

由于缺乏人力，天门永昌轧花厂希望延续过去与籽棉经纪商签订合同的方式保证有充足的原料供工厂加工。2010 年 7 月份永昌就开始下乡活动，与长期合作的经纪商签订新的合同，并承诺不低于市价的前提下另加 5% 提成。2010 年 9 月份籽棉开始上市，由于该年棉花的产量和质量都有所下降，籽棉收购价开始飙升。由于参与收购的企业较多，一时间“抢购”的势头不可避免，各加工厂为了能让自己多收点籽棉暗地里开始活动。收购期已过去一周了，经纪商送来的籽棉不足往年同期的 1/10，与经纪商签订的合同可能流产。永昌管理层看着轰轰烈烈的市场氛围却无籽棉，亲自去收吧，人力不足；不去收吧，来年将无籽棉加工。2010 年 9 月，由于籽棉收购价不断上涨，导致棉花现货价格上涨，棉花现货价格上涨又推动着期货价格上涨。从当时的情况来看，现货引领期货上涨且价格高于期货。看到这一现象，永昌管理层立即敲定要参与棉花期货进行买入保值。2010 年 9 月中旬，籽棉折算棉花现货成本已至 2 万元/吨附近，而棉花期货还在 1.9 万元/吨左右，且强势上涨格局已初步形成。9 月 13、14 日，尽管棉花期货出现涨停，但永昌依然决定入市。13～17 日的 5 个交易日里永昌轧花厂买入了相当于一年籽棉加工量的 4000 手棉花，成交均价为 19600 元/吨。之后棉花价格一路上扬，演绎着疯狂的牛市（图 7－3）。接近 2010 年 11 月份，籽棉收购也接近尾声，逼近 3 万元/吨的棉花价格是没有遇见过的。此时，在公司各方的努力下，籽棉收购也取得了进展，籽棉和期货头寸已远超过企业年经营量，永昌开始减持多单。当棉花价格超过 3 万元/吨时，永昌将大部分期货头寸平掉，只留下少量的用以交割补充库存。回顾此次操作，永昌不仅成功避免了经纪商毁约的风险，还通过期货市场的操作保证了现货库存的稳定，现货经营也没有受到影响（见图 7－3）。

无独有偶，2005 年底山东一棉花加工厂与一纺织企业签订了 3000 吨棉花合同。根据合约规定自检，发现自产皮棉个别指标难以满足合约要求。为稳定客户，该厂决定通过进口来满足客户需求。2005 年 12 月初到 2006 年 1 月 10 日前后，国内棉花价格 329 级维持在 14500 元/吨左右，期货市场 CF

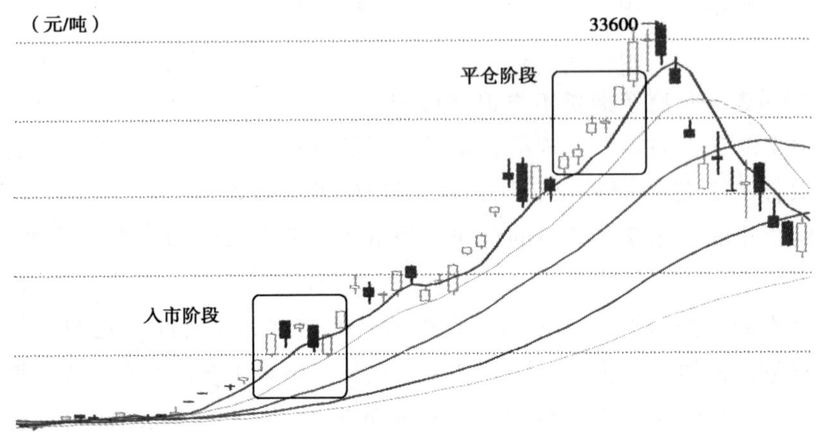

图 7-3 郑州商品交易所棉花连续 K 线图（2010 年 9 月～2010 年 11 月）

705 价格维持在 15000～15500 元/吨，外棉在 54 美分/磅左右，外棉 329 级滑准价格在 13200 元/吨。由于内外棉差价较大，当时 1% 配额炒到 1400 元/吨，5% 的配额在 800 元/吨左右。该厂遂买进 2006 年 3 月外棉 3000 吨，均价 54.5 美分/磅左右，同年 4 月份到货。然而就在外面订单刚签订不久的情况下，纺织厂因意外事故发生工厂破损。纺织厂董事长就不能履约亲自上门赔礼道歉。好不容易签下的进口棉一下子失去了买家，该厂只好通过期货市场进行保值并积极寻找新的买家。最终该厂在 2005 年 12 月 23 日以 15300 元/吨左右的价格卖出 3000 吨（600 张合约）外棉，实现了卖期保值（见图 7-4）。

图 7-4 郑州商品交易所期棉走势图（日 K 线）

等到 2006 年 4 月外棉到货，该厂又以 13800 元/吨卖出，同年 4 月 28

日该厂在14100元/吨左右平仓。现货每吨加上配额费用合计13700元/吨左右，亏损100元/吨；期货获利1200元/吨。如果不进行套期保值的话，算上银行利息每吨应亏损200元左右。这个案例不仅保值成功，更重要的是通过期货市场化解了毁约造成的库存风险（见表7-2）。

表7-2　卖期保值操作方案表

时间	现货市场	期货市场	期货操作
2005年12月23日	买进现货13700元/吨	开仓价格15300元/吨	卖出CF0605合约600张
2006年4月28日	卖出现货13800元/吨，扣除利息200元/吨，实际卖价13600元/吨	平仓价格14100元/吨	买进CF0605合约600张
期现盈亏	亏损100元/吨	盈利1200元/吨	
合　计	实际盈利1100元/吨×3000吨=330万元		

自　测　题

一、填空题

1. 棉花期货市场产生以后，农民有了一个远期的价格参考体系，农民可以更科学的方式进行收益测算，棉花种植收益具体测算公式可以表示为：种植棉花的每亩效益=（______-______）×棉花单产-每亩成本。

2. 一般而言，水稻、小麦及玉米等农产品价格的高低与棉花种植面积的大小之间具有较强的______。

3. 在很多经济发达国家和地区，期货价格信息常常被政府部门用来引导农民规避种植风险、优化种植结构，这主要是基于期货价格具有______。

4. 当涉棉企业需要高品质棉花时，现货市场一时难以实现的情况下，企业可能通过期货市场买入进行交割，这主要是基于期货市场______可以增加买卖双方的成交效率。

5. 纺织企业可以利用棉花价格信息进行采购的基础，在于期货价格反映了大多数市场参与者的预测，具有______。

6. 当期货价格发出明确的走软信号时，企业可以根据消费情况放缓采购进度，推迟采购时间点，若库存较高，可以在期货市场______以防止极端行情出现造成的贬值。

7. “银丰模式”的实质是通过“______+______+______”的组织模式创新，保证棉花的供给数量和质量。

8. 农产品生产价格与农业结构调整相互作用、相互影响，期货市场的价格发现功能有助于引导农户合理安排和调节______，促进农业经济持续、稳定和健康发展，有助于棉农挖掘卖出时机，获取稳定收益。

二、选择题

1. 在传统生产模式下，我国棉花生产与销售存在的问题包括(　　)。

A. 棉农生产存在较大盲目性　　B. 棉农收益不稳定

C. 生产规模小、效益低　　D. 棉花品质差

2. 采购是纺织企业最重要的活动之一，棉花期货市场对纺织企业采购活动的指导作用主要体现在(　　)。

A. 采购数量　　B. 采购时间

C. 采购价格　　D. 采购品质

3. 纺织企业利用期货市场指导现货采购，在确定采购价格升贴水时可以参照的标准包括(　　)。

A. 棉花期货价格　　B. 棉花现货价格

C. 同行的采购价格　　D. 交割棉花的品质

4. 我国棉花产业难以满足现代棉纺织工业的要求，主要原因包括(　　)。

A. 商品棉异型纤维含量高　　B. 同级棉不批次

C. 不同棉包产品等级有差异　　D. 棉花总体产量低

5. 棉花期货推出以后，贸易商可以利用期货市场价格所具有的(　　)和(　　)，灵活制定采购与销售计划。

A. 投机性　　B. 权威性

C. 预期性　　D. 灵活性

6. 通过期货市场的实物交割来采购材料具有以下两大优点(　　)。

A. 节约运输成本　　B. 交易手续简单

C. 质量能够得到保证　　D. 采购合约履行能够得到保障

7. 农产品生产价格与农业结构调整相互作用、相互影响，期货市场的价格发现功能有助于引导农户合理安排和调节生产结构。棉花期货在促使棉农调整种植结构方面有所作为，原因在于(　　)。

A. 期货价格体现反映市场供求关系

B. 期货价格能够引导春耕，为棉农的种植意向提供指导

C. 棉花期货价格有广泛、透明的传播渠道

D. 棉花期货可以拓展棉农收入来源渠道

8. "银丰模式"抓住了"三农"的核心，即(　　)，使期货市场服务"三农"问题有了质的飞跃。

A. 使农民增收　　B. 促使农村经济组织形态转变

C. 扩大种植面积　　D. 提高农业单产

9. 棉花期货推出后，中国的棉花加工企业可以利用棉花期货价格指导采购业务，具体体现在(　　)。

A. 利用棉花期货价格指导收购价格

B. 利用棉花期货市场提高收购质量

C. 利用期货市场畅通采购渠道

D. 利用期货市场获取合理售价

参考答案

一、填空题

1. 棉花期货合约价格－交割成本
2. 负相关关系
3. 预测性
4. 充裕的流动性
5. 权威性
6. 进行卖出
7. 公司＋合作社＋棉农
8. 生产结构

二、选择题

1. ABCD　2. ABCD　3. AD　4. ABC　5. BC
6. CD　7. ABC　8. A　9. AB

第八章
贸易商如何利用棉花期货

【本章要点】

本章主要讲述了棉花贸易商如何利用期货市场价格发现与套期保值功能指导企业现货采购、销售，以及渠道维护、扩张、品牌建设。通过鲜活的案例、通俗的文字来讲解如何利用期货市场价格发现和套期保值功能来解决实际经营中遇到的问题，为棉花产业链企业参与期货市场解决问题提供参考。

一、贸易商如何利用棉花期货功能进行贸易活动?

（一）利用期货价格信息判断趋势决定贸易活动

棉花贸易商处于产业的“夹层”地带，一方面要与加工企业进行博弈，另一方面要与消费企业进行博弈。在加工企业和消费企业的夹击之下，需要贸易商对趋势有准确的判断，否则就会发生现货贬值或“买在天花板，卖在地板砖”的情况。有了棉花期货之后，企业可以参考期货价格信息作出选择，当价格处于明显的上升周期中，贸易商可以加快采购、销售进度，甚至可以适当延缓出货进度；当价格处于明显的下跌周期中，贸易商要放慢采购进度甚至可以取消部分采购计划，并且加大销售力度。

（二）利用期货管理库存

根据马科维茨的组合投资理论，无论是期货头寸还是真实的现货库存都是企业的资产。那么，将现货市场和期货市场的头寸作为企业资产来看待，就可以指导贸易商进行库存管理，将总库存维持在相对合理的位置，也就避免了价格剧烈波动可能带来的损失。

假如某贸易商正常情况下每季度可以销售 1 万吨棉花，为防止价格波动加大企业的经营风险，企业可以通过期现结合的方式将期限库存维持在 1 万吨左右以保证企业的正常经营。当现货库存高于 1 万吨的时候，可以根据市场变化在期货上做相应的空单，保证期现库存（现货库存 - 期货库存）维持在 1 万吨附近；相应的，当现货库存低于 1 万吨的时候，可以通过期货市场买入棉花期货，保证总库存（现货库存 + 期货库存）维持在 1 万吨附近。这样做的好处在于，当行情不好的时候，不用担心库存过大而贬值，期货由于活跃性较高，成交要优于现货；而当行情好的时候，不用担心库存偏低，可以直接通过期货市场补齐库存，同时也避免了在行情好时出现现货惜售不易获取的境地。

【案例 8 -1 ——期现结合稳步发展】

青峰棉麻工贸是一家注册资本仅有 200 万元的皮棉贸易企业。在 2010 年的牛市行情中，受困于资金小，不能像大贸易商一样囤棉花获得超额利润。青峰公司采取的策略是“少量多次贸易”，以期通过贸易量来达到在高成本高风险的市场生存的目的。2010 年 9 月份，棉花行情已经启动，但青峰公司没有多余的资金进行更多的现货采购。于是，该公司按照计划，根据企业常规经营量和当前现货库存在期货市场买入棉花 CF1105 合约多单 500 吨，将期现货的头寸维持在 600 万吨。2010 年 9 月份由于籽棉减产及质量差，皮棉现货市场“一天一个价”的上涨，现货采购空前艰辛。青峰一方面根据现货市场情况推迟出货时间，另一方面由于公司需要通过销售回笼资金。当棉价不断刷新历史高价的时候，青峰开始出货。2010 年 10 月份，当棉花价格达到 2.7 万元/吨的时候，无论生产商还是贸易商都闭市不进行交易，现货异常紧张的时候，青峰以高于市场价 300 ~ 500 元/吨不等的升贴水出售现货套现。为平衡现货库存降低，青峰同时在期货市场继续买入远期期货合约。11 月份，当棉价突破 3 万元/吨大关时，不仅现货采购困难，现货销售也变得困难。此时，青峰认为这不是好事，开始降低期货合约多头头寸，实现了现货难以销售期货套现的目标。随着 11 月份到 12 月份棉价回落，青峰认为在新季棉花上市前，棉花供应比较紧张，趁价格回落前在市场上采购棉花。此时棉花现货依然难以采购，青峰只好再次在期货市场买入期货合约。由于现货库存量小，此次期货补库存一方面保持了交割现货库存，另一方面还做到期现货总库存与计划经营量保持一致。通过期现的灵活操作，青峰尽管一次性成交的规模不大，但 2010 年年终总成交量居然突破了 5000 吨，公司业绩大幅攀升。

通过期现结合将总库存维持在一定的水平，不仅可以灵活地应对各种行情，还可以规避风险。期现结合管理总库存对于贸易商而言是必须具备的能力，否则在变化莫测的市场中很容易被套牢。

（三）利用期货指导采购、销售活动

在现货市场中，通常会出现“买涨卖跌”的现象，也是现货贸易者头疼的问题。这是因为现货市场价格变化节奏相对较慢，当价格开始上涨的时候，买方开始加快采购节奏而卖方看着价格上涨开始有意地放慢出货节奏以期卖出更高价，于是在买卖双方的博弈下价格再次被推升。随着价格不断上涨，买方担心价格继续上涨被迫接货。通常情况下，在价格高涨的时候，买方热情很高，即使有利空信息出现也不会影响买方热情，这就是市场上常说的“买涨不买跌”。此时往往由于价格高企，消费陷入疲弱、市场开始转淡，卖方被迫开始降价出货，而此时买方认为行情转淡还会有更低的价格出现于是进入观望、成交清淡、卖方继续降价，如此循环“买涨卖跌”的现象就发生了。

如何避免这种不合理的采购现象呢？随着期货的诞生，“买涨卖跌”的采购模式开始慢慢改变，企业通过期限套利、套期保值的方式将期货和现货两个市场充分结合，不再考虑价格的涨跌，而是考虑期现货的基差变化以及销售量的情况，从而使得贸易商可以按照正常的计划采购、销售现货，尽量避免“买在天花板，卖在地板砖”的现象发生。即使发生这种情况，也由于做了套期保值可以避免纯现货市场操作的“买涨卖跌”带来的损失。

【案例8-2——利用期货市场补充远期现货库存】

作为流通环节，贸易商往往需要提前签订采购合同，正常情况下的经营风险在于现货价格下跌，因为签订合同要支付20%以上的订金。签订的短期合同还好办，若是较长时间的合同，资金成本占用就会过高。这种情况下，也可以选择通过买入棉花期货合约进行保值。更重要的是通过买入棉花期货合约可以建立远期棉花“隐形”库存。

2010年7月份，武汉一贸易商在经过充分的市场调研后认为2010年棉花价格将会出现大涨。市场普遍预计籽棉价格将超过4.5元/斤，现货价格至少19000元/吨以上。然而，不幸运的是作为建立不久的新生贸易商资金链并不顺畅，手上的现货也并不充裕。减产、质量下滑已经成为业内普遍讨论的事情，籽棉开秤价格一路上扬。成本推动下，棉花价格上涨已成必然。作为小公司，不可能像大公司一样去市场大肆采购棉花，因为即使在现货市场拼得头破血流，也不一定能买到称心如意的棉花；就算获得棉花，也要等到几个月后才能出售；与其这样不如避开现货市场厮杀，抓紧机会在期货市场买进棉花合约提前获得远期的使用权。2010年7月份，棉花期价还在18000元/吨附近徘徊，该贸易商大胆进场买入CF1009和CF1105合约。近月合约以备交割为短期贸易做准备，远月合约为2011年做库存准备。

在2010年9月份籽棉上市开秤时，果然质量差，产量也有下滑。收购价格一天一个价的上升，棉花价格也是水涨船高。由于期货棉属于相对品质较高的棉花，9月份交割的棉花成为现货市场的“香饽饽”（见图8-1）。面对疯狂的牛市，尽管每天提价300~500元/吨，但依然低于现货市场平均价100~200元/吨。一时间，公司办公室电话不断、洽谈合作的生意人络绎不绝。短短数月，公司的招牌已在湖北市场小有名气。CF1105合约上的多单，在棉花价格突破3万元/吨的时候全部离场，将资金回笼以备企业发展之需。通过期货市场的操作，不仅保证了库存，更重要的是抓住机遇，很快站稳了脚跟。

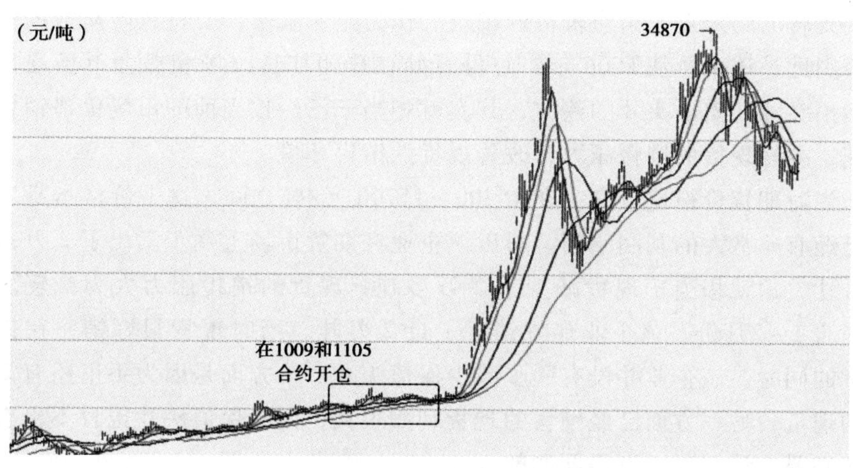

图 8-1　郑州商品交易所棉花期货走势

二、贸易商如何利用期货市场来锁定利润?

棉花贸易企业在经营中最担心的是棉花价格的波动造成的库存亏损。在拥有库存的情况下，就怕行情出现低迷、现货出库不畅的情况，这不仅会使企业资金周转困难也会影响其他工作的正常开展。在国际市场中，一般贸易商都会通过期货市场锁定预期利润。贸易商可以在签定供货合同的同时在期货市场中买入棉花期货标准化合约，锁定棉花价格、确保利润。

【案例 8-3——期货市场为棉花贸易商提供避风港】

河南一家棉花贸易企业，年经营量在 10 万吨左右，既做国产棉贸易也做进口棉贸易。经营方式就是先大量买入现货棉花，然后逐渐销售。在计划经济时代，这样操作是没有风险的，但现在棉花价格波动很大，稍不留神就产生亏损，所以该企业进入期货市场进行套期保值操作。

2006 年年初，该企业购进 5 万吨棉花，其中进口棉 3 万多吨（当时现货市场价格在 13700~13800 元/吨），国产棉 1 万多吨（现货市场价格约在 14000 元/吨），计划在 5 月份销售完毕。这意味着不管市场上的棉花价格怎样变，也必须销售完毕。若价格上涨，则销售任务肯定能够完成；若价格下跌，则将面临来自于销售价格的困难。作为企业来讲，要将风险防范放在首位。因此，该企业从2006年1月份开始在郑州期货市场和撮合市场逐步建立卖出头寸。卖出头寸的建立，其实就相当于已经按当前的市场价格销售了棉花，减轻现货的销售压力，改善现货的销售环境。

当时期货价格比较高，在15300～15700元/吨之间，这个价格本身对企业已经有非常大的利润空间。所以该企业在期货市场上逐步卖出了2万多吨的头寸，这就相当于现货减少了2万多吨，现货的销售压力大为减轻。在2006年1～2月份，该企业现货销售了近2万吨，当时现货很好销，在销售现货的同时，该企业并没有同步减少保值头寸。一方面是因为手里还有2万吨的现货，另一方面已经销售的现货利润很大，同时保值头寸也看不出有止损的必要，计划暂时不需要调整。

到2月底期货价格开始下跌，同时现货价格也开始下跌（见图8－2），市场出现了新情况。该企业一方面加大现货销售力度，一方面密切关注盘面的变化。非常幸运的是，期货价格下跌的幅度大于现货，速度也快于现货，保值头寸的保险功能开始发挥。从这时开始，该企业基本上是销售一吨现货，就同步减少期货保值头寸，最终就是保持这样的节奏将现货销售完毕（见表8－1）。

表8－1　　卖期保值操作方案表

时间	现货市场	期货市场	期货操作
2006年 1月至2月	收购5万吨 14000元/吨	开仓价格 15500元/吨	卖出 CF0605合约 6000张
2006年 2月至4月	销售5万吨 13700元/吨	平仓价格 14000元/吨	买进 CF0605合约 6000张
期现盈亏	亏损300元/吨 利息500元/吨 合计亏损800元/吨	盈利 1500元/吨	
合计	盈利700元/吨×3万吨=2100万元		

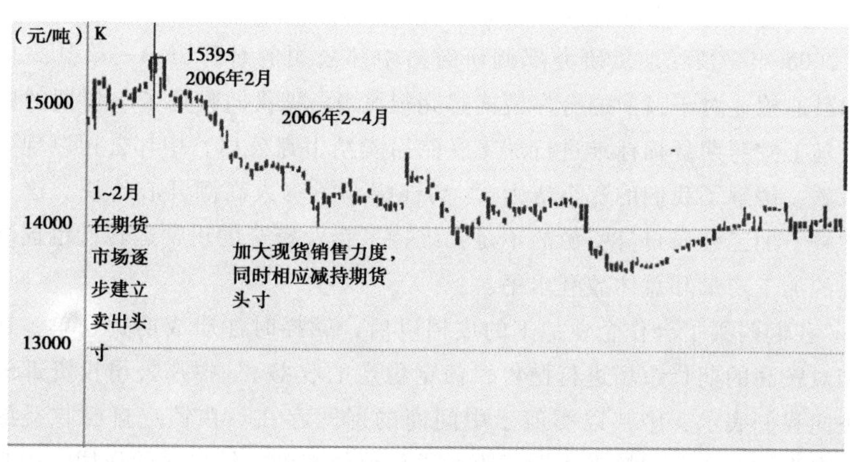

图 8-2 ZCE 期棉走势图（日 K 线）

2010 年 7 月份，根据期货价格信息，该公司担心未来价格出现大幅上涨，于是在期货市场上进行套期保值。2010 年便买入 CF1009 和 CF1101 合约 1000 吨。随着 2010 年棉花现货和期货价格上涨，现货市场惜售心理出现，现货采购便成了问题。由于公司在期货上提前买入棉花期货合约，即使不能在现货市场采购，也能通过期货交割获得现货；更重要的是 2010 年棉花品质整体较差，期货交割获得的棉花品质能够得到保证。随着 2010 年 9 月份期货棉的交割，现货库存得到了补充，也避免了棉价上涨导致现货采购成本增加以及现货采购困难等。

【案例 8-4——优势互补，共同发展】

利用期货市场进行套期保值可以使企业规避风险，但对于中小企业而言，参与期货市场还存在着一些资金、信息和专业知识方面不足的问题。但一些公司捕捉到这一市场问题，利用自身资源优势为企业参与期市提供服务，共同谋求发展。

中邦公司便是这样一家中小型贸易企业，刚刚涉入棉花贸易对市场还不熟悉，尤其是贸易渠道还在逐渐开拓中，有了库存不一定能保证有畅通的销售渠道，若有渠道而无库存更不行。既要保证在销售渠道欠缺的时候库存安全，又要保证在有客户的时候有充足的库存，是中邦遇到的问题。经过思考，中邦与周边的企业沟通，建立了合作关系。

2008年，长江期货研究部调研时，中邦公司的合作方——单县高棉棉业和科迪棉业对于目前的合作模式感到很满意。“我们收购了一星期的籽棉后，马上按照期货棉标准进行加工，然后卖给中邦公司，中邦公司以现金支付货款，缓解了我们的资金压力。”高棉棉业负责人高潮开心地说。这一模式弥补了加工公司自身资源的不足，维持了企业资金的正常运转，也提高了企业的加工产量和总体盈利水平。

“我们购买了合作企业加工的皮棉以后，就择时注册成期货仓单，在价格相对较高的期货市场进行抛售，锁定稳定的收益。”中邦公司投资部经理马杰向我们表示，中邦以类似于中间商的形式存在，在锁定自己收益的时候，也为加工企业间接进入期货市场进行保值起到穿针引线的作用。中邦公司与高棉、科迪棉业的合作方式充分利用相互优势，是借助期货市场谋求发展的典型。

三、贸易商采购与销售平衡，就没有风险了吗?

在引入期货之后，风险敞口是现货经营者常常关注的地方。通俗地讲就是没有进行保护的期货或现货的部分。以购买一个公司的债券为例，由于公司债有信用风险，并且没有做任何对冲的交易（比如信用调期），就会有一个信用风险敞口。如果买了一个固定利率的债券，而且没有做对冲交易（比如利率调期），要承担利率风险，因此有一个利率风险敞口。

对于棉花贸易商的风险敞口在于期货减去现货的头寸不为零，贸易商的期货头寸或现货头寸没有被保护。若价格向不利于敞口头寸方向运行时，损失就会加大。由于价格存在不确定性，贸易商在采购和销售的总量上能够平衡，采购和销售之间存在时间档期里的价格波动以及采购和销售合同能否正常履约却是难以掌控的。如“5·12”大地震期间，湖北一家棉花厂销往四川的皮棉由于厂家在地震中消失而无法履约；同样由于大地震，销往四川的皮棉受交通不畅影响难以如期履约。这种难以预测的合约风险可以利用期货市场的风险转移功能来避免，对一切现货经营活动进行套期保值，避免风险敞口裸露。

【案例8－5——棉花期货护航现货企业规避“违约”风险】

2008年5月份，鸿达工贸与四川绵阳一家棉纺厂签订了500吨的棉花销售合同。合同中明确由鸿达工贸负责将货物送至工厂。合同签订完毕，鸿达立即组织交通工具进行运输。在朋友的帮助下，一切正按着计划进行，但是天有不测风云，“5·12”特大地震突然爆发，通向四川的交通受阻，鸿达工贸租用的火车皮也被临时征调运输救灾物资。由于地震通信信号不畅，第一时间难以联系上客户、考虑到地震期间需求增加，为保证履约，鸿达只好再次组织汽车运输。2008年5月15日正当汽车行驶在巴蜀大地的时候，一个期盼了很久的电话打了过来，然而鸿达老总接完电话脸色有点阴沉。原来在大地震中，该纺织厂受到损失，一时间难以恢复生产，要求取消订单。从实际情况来看，川渝兄弟遇到麻烦、理应帮助。但货物正在运往灾区的途中，目前灾区正在进行灾中抢救，运往灾区的棉花在没有买主的情况下很难出手。鸿达老总的第一反应是需要对运往灾区的棉花进行保值。5月19日（周一），鸿达立即卖出500吨的棉花CF0809期货合约寻找新的客户。殊不知，在当时需求疲软，棉花价格呈现出一种缓缓下行的态势，买家很难找。由于四川远离交割仓库，鸿达只好通过各种关系在川渝整个地区寻找买家。一个月后，随着灾后安置工作的开展，四川地区需求开始增加，鸿达将货物卖给灾后重建工作组。尽管卖出了货物，但是成交价格却较5月份下降了过千元。但是，由于公司提前在期货市场进行了卖出保值，当现货卖出的时候，期货合约进行平仓交易（见图8－3）。

通过卖出保值操作，鸿达公司不仅成功地避免了现货价格的下跌，更重要的是在货主不能履约的情况下保护了现货的正常经营，还锁定了利润。

无巧不成书。2009年4月份广交会订单数量回升，现货市场较一年前金融危机期间的困境有了明显的改善。鸿达担心后期棉价会有起色，想抓紧时间采购货物充实一直空虚的仓库。2009年4月15日，鸿达和一轧花厂签订采购合同，采购1000吨棉花，5月15日交货。4月20日，轧花厂告知，该厂棉花品级只能到4级，达不到合同要求。由于广交会订单属于出口贸易，对盘面品级要求较高，低品级棉花在市场上的竞争力不强。面对突如其来的合同难以执行情况，鸿达有了经验，立即在期货市场上买入近月期货合约进行保值，规避棉价上涨风险。通过期货市场的操作不仅防止了合同违

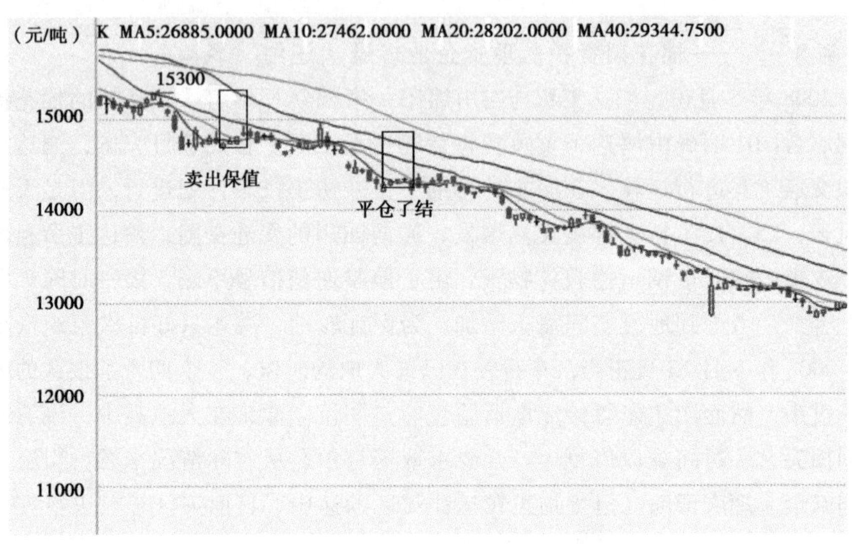

图 8-3 棉花 0809 期货合约走势图

约，也保证了采购棉花的质量。

四、利用“升贴水点价”贸易方式能规避风险吗？

点价（Pricing），又称作价。实际上，点价并不是期货交易中的术语，而是实物贸易中的一个常用术语或常用方式。由于期货被越来越多的生产厂家、消费厂家和贸易商所利用，价格的不确定性也就越来越大。为了锁定住一定的价格水平，金属实物贸易中适时地利用了伦敦金属交易所（LME）价格基础，由此产生了点价。伦敦金属交易所为实物点价提供了一个价格基础。如果没有伦敦金属交易所市场，实物贸易将不可能存在点价，而是买卖双方在签订合同时直接确定价格。

从操作方式上讲，点价是期货交割的一种定价方式，即对某种远期交割的货物，不是直接确定其商品价格，而是只确定升贴水是多少。然后在约定的“点价期”内以国际上主要期货交易所某日的期货价格作为点价的基价，加上约定的升贴水作为最终的结算价格。“点价”方式为先定下升贴水，期货价格由买方在未来一段时间内选择确定，这一“期货价格+升贴水”的定价方式，为现货企业提供了更多的选择，并一定程度上降低了传统贸易定价方式的价格风险。从国内市场来看，点价模式在国际贸易尤其是金属、大豆等基础产品上运用得较为广泛。

【案例 8-6——利用“升贴水”在危机中寻求发展】

湖北东星工贸有限公司（以下简称东星公司）在 2007 月 11 月份高价采购了一批皮棉，随后他们很快发现，现货需求并不像想象中的那么旺盛。它和大多数企业一样陷入了两难的境地：一方面，较高的采购导致出库成本高高在上，迅速下滑的棉花价格跌破成本价，越卖越亏；另一方面，企业为维持销售渠道又不得不继续向市场供货。

当现货市场销售面临巨大风险时，东星公司经过研究决定，采购时根据采购数量进行卖出套期保值总量为1000 吨棉花。于是东星公司在2007 年11 月份陆续在 2008 年 1 月份到期交割的合约上卖出了 1000 吨的期货棉花。在当时的情况下，套期保值与生产成本有每吨 2000 多元的倒挂亏损，东星公司分析后认为，虽然按目前的期货价格套保后会有少量亏损，但套保不仅是保价格，更应该是保趋势。

2008 年 3 月份，棉花期货、现货价格开始暴跌，很多棉花企业由于没有在期货市场上套期保值，现货库存产生严重账面亏损。如果销售产品，账面亏损会变成实际亏损，因此纷纷惜售，现货市场出现棉花紧缺，造成了棉花现货价格比期货价格高 2000 元/吨的严重倒挂的局面。东星公司抓住这一有利时机，从 2008 年 8 月开始一边积极卖掉现货，一边及时平掉 1000 吨棉花头寸，最终在期货市场上盈利 1000 万元，现货市场上亏损约 500 万元，盈亏相抵反败为胜。

2008 年第二季度的棉花价格暴跌以后，面对国内棉花行业的严峻形势，东星公司在基本销售完自己的存货后，创新出了利用期货的期现价差，进行棉花贸易，以解决不少企业库存大量积压，现金周转失灵的窘境、达到了双赢的目的。这就是“升贴水点价”模式。

“升贴水点价”模式，是指在价格大跌期间，棉花市场价严重低于行业生产成本价，一些企业生产出的棉花难以顺价销售，但又苦于占用大量产品库存资金而采取的应对定价模式。东星公司结合期货走势和现货市场价格，判断跌势仍将持续，便以部分资金作抵押，向同行棉花企业借棉花销往下游，并与借出的企业约定归还周期（如一个月或三个月期限）。随后在期货市场，东星公司在相对低价位买入未来相应月份的棉花期货，到期归还给借出企业，赚取其中的差价。东星公司在减轻了自身经营的成本压力、在产品价格急剧下跌过程中获得了稳定收益的同时，也为同行缓解了资金压力，在棉花市场上赢得了声誉（见图8-4）。

面对单边下跌的市场，许多下游贸易商从购销合同签订到运输的过程都暴露在风险之中，因而不敢下订单。在这种情况下，东星公司与客户贸易商约定，按照货到当天的期货收盘价加上预定的升水，作为双方成交价格（俗称“点价+升贴水”）。东星通过这种方式打消了客户的顾虑，维持了公司销售的正常进行，市场占有量得到了迅速扩大。

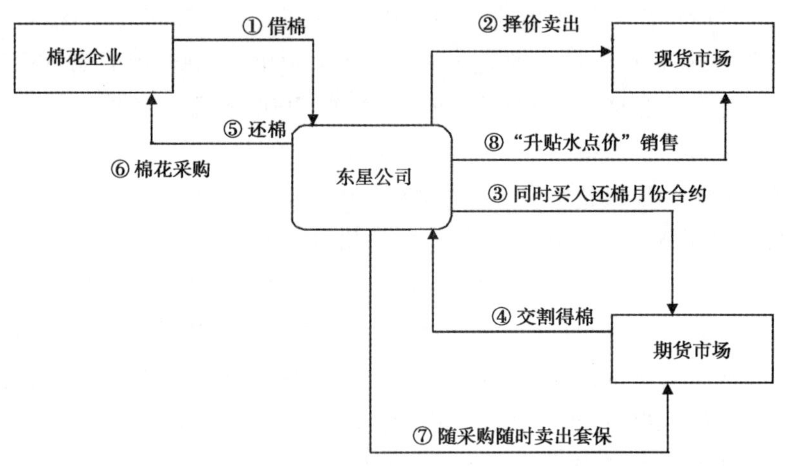

图8-4 “东星模式”——“套保+升贴水点价”模式流程

通过这种模式，2008年4月~2009年3月份该公司棉花贸易量就达5万多吨，直接贸易获利4000多万元，不但弥补前期现货采购收购亏损，而且使客户也规避了风险，实现了双赢。

五、贸易商如何规避货在途中的价格风险?

从经济学角度分析，棉花作为一种消费型资产，其期价—现价关系式为：$F_0=(S_0+U)\times E(R-Y)T$。其中，$F_0$ 表示 T 时刻到期的资产期货价格，S_0 表示该资产的现货价格，U 表示存储成本，R 表示无风险利率，T 表示到期时间，Y 表示该消费型资产的便利收益率。

可见，企业在取得棉花购销利润（即销售价格与 F_0 之差）的过程中，上述变量（存储成本、到期时间、便利收益率等）都可能成为关键的风险因素。

而对于贸易商而言，采购和销售是企业经营的主要部分，在棉花采购和销售过程中，往往会遇上货物在行进途中的价格大涨或大跌，尤其是需要数十天运输行程的棉花。期货市场可以为企业提供保值的场所。按照套期保值的需求和思路，“担心什么就做什么”，当我们签订采购合同后担心价格下跌，我们可以在签订的同时择时在期货市场卖出棉花期货合约；当我们签订的销售合同后，若担心价格上涨导致库存下降，我们可以通过期货市场补入数量相当的期货库存。在实际操作中，问题多出现在采购端。在国内，一般采购完后，大多是由买方自己解决运输，所以风险多在采购方。

【案例 8-7——路途遥远，期货保畅通】

大风棉麻贸易公司每年业务不仅涉及新疆棉而且还有美棉进口。每次从新疆将棉花运往武汉最短的时间也需要半个月，而进口棉花需要的时间更多，一般都在三个月左右。在国内没有棉花期货的阶段，每次远距离的采购都很头疼，但若不采购现货贸易就缺乏库存。为维持库存、维持畅通的客户渠道只好硬着头皮进行赌博式的采购。

2003 年，由于国内主要产棉区遭遇大雨，棉花大幅减产，加上国内棉纺行业发展迅猛，需求强劲。8 月开始，国内棉花价格一路走高，以致国内棉花市场在 2003 年底到 2004 年初出现一股“炒棉热”。2003 年 9 月初到 10 月底，棉花价格从 12000 元/吨快速上涨到 18000 元/吨，甚至一个星期就涨 1000 元/吨，国内不少棉麻企业都四处买棉花，并大量囤积棉花。甚至一些不懂棉花的企业，只要有资金，都去炒棉花，都去找配额。有些企业甚至预期棉花要涨到 20000 元/吨以上。在价格大涨的过程中，国内现货采购非常困难。为保障客户渠道链条畅通，大风被迫进行海外采购。9 月中旬，大风与国际棉花贸易商——路易达孚签订采购合同，按照合同约定，2004 年元旦期间，进口棉将运往大风指定的仓库，一口价15500元/吨。然而，随着国内棉花的上市，市场一致认为前期的认识错误地预估了供需缺口，价格开始回落。当签订的进口棉抵达仓库的时候，国内棉价已经远低于合同价了。在棉价走软的情况下，市场到处充斥的都是棉花，现货很难销售。

2004年，郑商所上市棉花期货合约，大风第一时间进入期货市场。多年的实践之后，大风利用期货市场灵活操作，大胆地进行采购，新疆棉、美棉只要是机会的，大风都会去做。

（一）进口点价后，担心下跌先在期货上卖出

2010年棉花超级大牛市中，国内供需缺口被放大反复的炒作。在牛市中，大风观察到，当国内期价33000元/吨时，美棉折合进口价仅有30000元/吨，内外倒挂3000元/吨。大风认为有机可图，并且棉花牛市导致现货商惜售采购困难，需要补库存。于是，大风根据企业订单及常规库存情况，以30000元/吨价格采购美棉10000吨。由于三个月的运输时间，太多的事情可以发生，并且根据2010年棉花与其他农产品的比价和农产品的比较收益来看，2011年全球棉花面积都会出现增加，新年度供应紧张的局面将会缓解，那么价格预期回归理性将成必然。于是，大风在签订进口订单的时候，在郑州棉花期货上立即卖出200手合约。3个月后，当进口棉抵达仓库，国内现货价格已经跌至29000元/吨，由于棉花价格还较为疲软，进口棉一时间还未找下家，大风决定推迟期货合约的平仓时间。

随着现货的出库，2011年4月份大风以27500元/吨的价格平掉期货。在这个过程中，大风严格地执行套期保值计划，不仅规避了进口棉在运输途中的价格下跌，还规避了进口棉在库未销售时的库存贬值。

（二）以套利为依托的采购

经过2010年的棉花超级大牛市后，2011年棉花播种面积大幅增加是市场普遍的观点。然而细心的大风研究人员观察到，国外美盘1112合约上市价格仅有95美分（2010年12月份）。即使按100美分计算，滑准税下进口价也只有22000元/吨，而国内1201合约定价居然在26000元/吨以上。于是一场以套利为依托的采购开始了，具体的操作方式是，买入美棉远期合

约，在国内 CF1201 上进行卖出的模式产生了。由于国内外价差在 4000 元/吨以上，若国内外价差回归，则可以通过期货平仓的方式了结头寸获得期货收益，弥补其他市场的现货采购，若国内外价差不回归，那么将通过现货交割的方式来实现收益。

大风通过期现灵活操作，将自己的采购风险尽可能的降低，通过上述模式，大风不仅维护原有的客户群体，还在市场极度疯狂和极度低迷的情况下不断扩大客户群体，在市场树立了很好的口碑。

六、贸易企业如何参与期货市场进行风险管控?

企业参与期货市场的运营风险的管理内涵，一般分为两个方面：第一个是内部的信息流动的管理。主要是要准确掌握每天的敞口头寸的状况，企业的运营数据，当天途中货物地点，采购了多少现货，现货的成本、库存、分布，以及期货的当天买入仓位、价格，还有销售的合同，具体把握每天现货和期货采购的数量和成本。这是内部运营信息流的把握，同时对于敞口头寸进行一个信息流的把握，掌握库存规模、品质和成本，可以利用当天期货市场的合约价，和现货市场的成交价，评估是浮盈还是浮亏。如果做不到这两点，风险运营的管理就无从谈起。要用 ERP 的管理方式管理每天的运营模式，运用无负债运营管理的方式来进行评估敞口头寸多大的浮盈浮亏。第二方面就是商品信息流的采集。在商品采购的每个环节，要采集供求关系的基本要素，把握包含棉花在内的农产品的种植收益比、单产和产量，还要研究下游的商品情况，利用比较先进的研究方法来判断商品的供求关系、季节性的波动规律等。在这个基础上，对敞口头寸进行价格的评估和分析，实施管理策略。敞口头寸的整体的评估趋势，总而得出趋势性的一个结论，对敞口头寸进行风险评估和操作策略的把握。

在风险管控的过程当中，主要采取以下的几种方式，一种是严格的授信管理，一种是套期保值的能力，对企业风险管理进行授权，授权的内容主要是包括了套期保值的品种、规模，止损的金额。

一个企业要想在价格频繁波动的市场中求得发展，必须要懂得使用风险管理工具。而借助期货工具，利用期货市场成功的进行套期保值，不仅是要掌握一些技巧、方法和技能，强大的研发和套期保值的交易的团队，也要从企业的管理层面，制定系统的风险管理的体系，组织架构和管理流程，技巧考核的办法，还有团队的培养和培训方式。也就是说，企业利用期货市场进行套期保值是一个系统性的业务，不是单纯的买或者是卖。这是商业模式的一个重要的内容，也是核心竞争能力打造的关键环节。

【案例 8 – 8 ——历史彰显健全的风险管理体系尤为重要】

2003 年 8 月开始，国内棉花价格一路走高，出现一股“炒棉热”。刚刚成立的中国储备棉管理公司（以下简称中储棉）在 2003 年 10 月，突然决定进口 15 万吨棉花，随后几个月又陆续进口了 10 多万吨。中储棉一方面将大量棉花捂在手里，待价而沽；另一方面将部分棉花销售给作为中间商的各地省级棉麻公司，助其层层加价。中储棉此次进口的 20 多万吨棉花，保守估计成本应在 16000 元/吨以上，这还不包括相当可观的财务费用。

2004 年初，国内棉花价格开始逐渐走低。根据中国棉花网公布的动态行情，1 月 11 日，国内标准级棉花价格为 11789 元/吨。以这个市场化的价格来计算，中储棉亏损已近 10 亿元。

新华社 2005 年 1 月 17 日评论：“这家 2003 年 3 月才设立的中央企业，其职责本应是承担平抑棉价、稳定市场，促进国家宏观调控政策实施，却于当年 10 月起进口棉花多达 20 多万吨，豪赌国内市场棉价上涨。结果，国内棉价不涨反跌，其投机失败，巨亏近 10 亿元。”

历史是一面镜子。从当年的中航油到中储棉，它们都不是孤立的偶然事件，风险意识不足和风险管理制度缺位正是酝酿此类危机的根源。所以，建立健全多层次的风险管理体系，合理运用风险管理工具至关重要。

在国家经济转轨过程中，一方面中储棉等部分国有垄断性企业所处的不完全竞争环境使企业管理层风险意识淡薄，经营者一味追逐政府政策的倾斜，往往忽视了市场和效率；另一方面，政府过度承揽国有企业的经营风险，进一步弱化了企业的风险意识。于是，投机收益企业享有、投机风险国家承担的荒谬逻辑在中储棉巨亏事件中显现无遗。可以预期，面对复杂的国际商业环境，政府将更多地通过完善法规制度来控制风险；交易所将不断创新交易品种，设计风险管理工具；期货公司等专业机构将依托基础的风险管理工具，协助企业实现全面风险管理的产品化、模型化和信息化。政府只有分离国企的行政职能和经营职能，并从风险控制环境及策略、风险评估体系、风险控制的组织体系和程序措施、信息资讯流转及管理、监督体系及程序措施等方面入手，体系化地建设国有企业经营风险管理体系，才可能避免中储棉巨亏事件重演。

依循风险管理过程的四个阶段进一步探讨中储棉事件：

第一阶段是风险的识别。每一个经济主体都应当对其面临的各种潜在风险因素进行认识、鉴别、分析。国家赋予中储棉公司稳定棉价的行政职责时，必须关注中储棉的内部治理结构及其内控机制能否保证企业经营职能和行政职能的有效隔离；中储棉公司面对价格剧烈波动的棉花市场时，也必须明白棉花采购与销售环节的市场风险。追逐暴利的欲望让中储棉无视风险，为之付出了高昂的代价。

第二阶段是风险的度量。衡量风险导致损失可能性的大小以及损失发生的范围和程度是风险管理的重要步骤。中储棉的决策者估量了进口 20 万吨外棉的浮动盈利，却没有测度最大差价机会下的风险估值。中储棉的决策者需要认识到在项目的可行性研究中采用均值—方差模型、β 系数法、缺口模型、VAR 等风险度量方法，这有助于准确地评估风险大小，对最大程度地减少损失和获取利润十分重要。

第三阶段是风险管理的决策和实施。中储棉可以根据其面临的风险性质、特征和水平采取不同的管理策略。面对棉市价格波动风险和现金流短缺风险，公司应该采取预防、规避、分散、转嫁、对冲等策略，积极调整资产负债结构，协调采购、销售、财务各部门的行动方案，才可能化解经营风险。

第四阶段是风险的控制。中航油公司风险管理制度失效的例子告诉我们，风险管理者要督促相关各部门严格执行风险管理的有关规章制度，确保风险管理方案得以落实。中储棉等承担行政职责的国营垄断企业尤其需要定期和不定期地接受全面或专项检查，发现隐患后迅速纠正或补救。国家、企业都有必要设置一系列监控指标，随时监测经济主体承受风险状况的变化，及时评估和调整。

自　测　题

一、填空题

1. 参与期货交易的贸易商为了防止日后购进棉花现货时价格上涨，可以进行______。

2. 贸易商参与期货市场进行保值的方向有______和______。

3. 通过______来买卖现货，是对套期保值的误解。企业主营业务要实现发展，根本在于提高产品竞争力，扩大市场份额，在现货市场建立长期稳定的购销渠道和互利的合作伙伴，通过期货交割可以锁定成本或卖价。

4. 在套期保值的实际过程中，现货和期货价格______变化，因此，保值效果未必完全有效，可能期货赚的钱不能完全弥补现货亏损。

5. 从供需关系角度判断套期保值时机，贸易商在需求减弱、库存增加时可以______套保。

6. 完善的套保策略是首先从__________确定套保策略，其次从__________判断套保时机，最后从__________选择入场点和出场点，宏观、产业和基差三个角度一致时，入场时机最佳。

7. 企业利用期货市场进行______是一个系统性的业务，不是单纯的买或者是卖。这是商业模式的一个重要的内容，也是核心竞争能力打造的关键环节。

二、选择题

1. 贸易商利用棉花期货市场，可以从事下列(　　)活动。

A. 判断棉花期货价格　　　　B. 制定采购与销售策略

C. 提前锁定利润　　　　D. 缓解资金压力

2. 近年来郑商所和NYBOT棉花期货价格走势的联动性较强，为两市场套利提供了机会。抓住机会，就会博取利润。有外棉经营经历的企业，择机进行(　　)套利也是一种回避风险、增加利润的操作方法。

A. 期现　　　　B. 跨期

C. 跨品种　　　　D. 跨市场

3. 市场328级棉花价格在13500～13700元/吨，而郑棉期货远期合约价格在13300元/吨左右并呈下跌趋势，他们认为期货价格已经超跌，存在较好的期现套利机会。某贸易公司按实际的需求，于2005年6、7、8月份在期货市场逐步建立了10月份到期的多头部位，最终共持有10000吨左右的多头头寸，均价在13300元左右。随着10月份现货价格上涨到14000元/吨，该企业以14600元/吨的价格获利平仓，从现货市场购进现货。通过这次操作，该企业直接降低成本(　　)元。

A. 1000万　　B. 1500万

C. 2000万　　D. 2500万

4. 某厂现货库存1500吨，形成仓单1000吨，相应地卖出期货500张(20吨/张)，其中200张期现套利的期货仓单，300张期现基差套保，持仓均价为13900元/吨，此时现货价格12800元/吨左右，基差为1100元/吨。到了2007年3月份，现货销售价格为13100元/吨，期货价格回落到13450元/吨左右，基差回归正常范围为350元/吨。轧花企业不仅仅对库存进行有效保值，还获取(　　)元/吨的市场超额利润。

A. 550　　B. 650

C. 750　　D. 850

5. 建立风险测算系统，包括资金风险(　　)，还有保值头寸价格变动风险：根据公司套期保值方案测算已建仓头寸和需建仓头寸在价格出现变动后的保证金需求和盈亏风险。

A. 测算已占用的保证金数量

B. 浮动盈亏

C. 可用保证金数量及拟建头寸需要的保证金数量

D. 公司对可能追加的保证金的准备数量

6. 信息系统或内部控制方面的缺陷而导致意外损失的可能。采取对策：在投资过程中，严格按照公司《套期保值管理制度》，制订详实的操作预案，合理设置止损位置，加强业务管理，减少(　　)。

A. 操作风险　　B. 业务风险

C. 期货亏损　　D. 现货亏损

7. 保值方案的基本原则是(　　)，确保不发生风险。

A. 以走势分析为基础　　B. 以产品成本为参照

C. 以企业整体效益为目标　　D. 以期货盈利为宗旨

8. 某贸易商在 4 月 15 日 CF0505（2005 年 5 月交割的棉花期货合约）价格为(　　)元/吨，买进了 1000 吨；到了 4 月 28 日现货价格涨到 13000 元/吨，期货价格涨到 14000 元/吨，这时卖出平仓，则赚 50 万元。由于 3 月 15 日并没有买进现货，4 月 28 日只能按每吨 13000 元/吨买进了，每吨多付 1000 元，期货赚的 500 元只弥补了一半。

A. 12500　　B. 13500

C. 15500　　D. 16000

9. 根据(　　)，无论是期货头寸还是真实的现货库存都是企业的资产。那么，将现货市场和期货市场的头寸作为企业资产来看待，就可以指导贸易商进行库存管理，将总库存维持在相对合理的位置，也就避免了价格剧烈波动带来的损失。

A. 基差套利理论　　B. 风险溢价假说

C. 持有成本假说　　D. 马科维茨的组合投资理论

10. 套期保值操作风险有(　　)。

A. 员工风险　　B. 流程风险

C. 系统风险　　D. 外部风险

11. 贸易商的套期保值的作用有(　　)。

A. 锁定采购成本　　B. 销售利润

C. 库存管理　　D. 掌握采购与销售定价权

12. 套期保值的方式有(　　)。

A. 循环套保　　B. 套利套保

C. 预期套保　　D. 策略套保

参考答案

一、填空题

1. 买期保值　　2. 买期保值、卖期保值　　3. 期货市场

4. 未必同步或同幅度　5. 卖出　6. 宏观角度、产业角度、基差角度

7. 套期保值

二、选择题

1. ABCD　2. D　3. A　4. C　5. ABCD
6. A　7. ABCD　8. B　9. D　10. ABCD
11. ABCD　12. ABCD

第九章
终端消费企业如何利用棉花期货

【本章要点】

本章主要介绍棉花终端消费企业如何利用棉花期货来规避现货市场上价格波动的风险。结合实际案例深入浅出地分析和说明了消费企业在生产经营中可能面临的风险，以及在不同的市场环境下如何利用期货市场来规避这些风险。

一、纺织企业如何利用棉花期货安排生产经营活动?

纺织企业处在棉花产业链的下端，属于棉花终端消费企业。棉花采购是纺织企业的重要活动之一，棉花价格波动使得终端消费企业的生产经营面临较大的风险，而棉花期货能够给终端消费企业提供较好的风险管理工具。具体来看，纺织企业可以从棉花的采购时间、价格、品质三个方面来利用期货市场为生产经营活动提供指导。

（一）利用期货价格信息决定采购时点与数量

由于期货价格反映了大多数市场参与者的预测，具有权威性，能够比较真实地反映供求变动及价格趋势，这就为纺织企业利用棉花期货价格信息进行采购提供了基础。当期货价格发出上涨的信号时，企业可以抓紧时间进行采购；当现货采购不畅时，可以利用期货市场建立“隐性”库存；当期货价格发出明确的走软信号时，企业可以根据消费情况放缓采购进度，推迟采购时间点；若库存较高，企业可以在期货市场进行卖出以防止极端行情出现造成的贬值。

如在2008年极端行情发生时，由于消费短期内疲软，纺织企业生产进度也放缓，采购部门立即作出无限期推迟采购的决定并对库存作出卖保行为。随着市场熊市来临，企业不仅避免了库存贬值风险，也成功的根据期货信号避免了采购环节的损失。2010年8月份，随着期货价格释放出价格还将继续上行的信号时，某纺织企业立即着手进行现货采购，而由于当时看涨预期强烈，现货采购不畅，该企业立即转向期货市场，买入多单建立“隐形”库存，当获得现货时对应降低期货多单。

（二）利用期货价格降低成本策略

期货买卖的是标准化合约，合约的转让比较方便、快捷，一旦棉花价格朝着与库存不利方向运行时，可以及时在期货盘面上进行合约的买入和卖出，并且企业不用担心违约或储存过程中出现的质量变化等问题。若从资产组合的角度考虑，这也属于库存的调整。通过期现货市场的综合利用，将成本尽量控制在竞争对手之下。

（三）利用期货市场采购高品质的棉花

由于棉花期货合约标的是具有严格规定达到一定标准的棉花，棉花期货价格对应的也是具有一定品级的棉花。纺织企业在进行采购的时候，一方面要参照期货价格进行定价，另一方面要参考棉花交割标准对棉花品级进行确定，作出适当的升贴水，保证“货有所值”。

另外，期货市场充裕的流动性可以增加买卖双方的成交效率。当需要高品质棉花，而现货市场一时难以实现的情况下，纺织企业可以通过期货市场买入进行交割。这样不仅可以节约资金成本，降低人工、采购、运输等环节的费用，还可以获得高品质的棉花。

【案例 9－1——纺织公司通过期货市场采购棉花】

湖北枣阳市博大纺织责任有限公司成立于 2006 年，总投资 6000 万元，纱线产能 3 万锭，月均棉花消费量 300 吨。该公司一直秉承稳健的经营理念，专注于现货市场，原料采购也可以维持正常的客户资源关系。“但 2009 年棉花市场太乱了，一天一个价，甚至加价还买不到棉花。”董事长张荣清无不感慨地说，初期涉足期货市场，唯一的想法就是从市场拿棉花。

2009 年年底，当期货价格出现回落时，CF1005 的报价在 15200 元/吨附近低位整理，尽管当时外围市场利空不断，但博大纺织的订单已经接到了三个月以后，而棉花库存只能维持两个月。“这个价格用得起”，在这个朴素的理念下，张总打了 100 万元到期货账号，建仓 80 手 CF1005，建仓均价 15246 元/吨，年后纱线价格跳涨直接带动棉花反弹，因价格涨得过猛，博大纺织在期货公司期现结合的经营思路指导下，于 3 月下旬的 16600 元/吨价位附近选择平仓，直接降低棉花采购成本 1350 元/吨，共计 54 万元。

同时因期货价格尚在可接受范围内，博大纺织在 5 月上旬建仓多头 CF1007 共计 40 手，建仓均价 17220 元/吨，最后选择交割，在南阳库拿走了新疆棉 200 吨。尽管 CF1007 退市价在 18500 元/吨，但若考虑市场转让，新疆三级大包棉的转让价在 18800 元/吨，仅此一项，节约采购成本 31.6 万元。博大纺织企业利用期货市场采购棉花，利用棉花期货来安排生产经营，给消费型企业带来经营方式和理念的启发，合理地运用期货市场，对企业正常的生产经营将大有裨益。

二、终端消费企业如何利用棉花期货降低采购成本?

纱厂和纺织企业作为棉花的采购企业，采购成本控制是企业保证竞争力的重要优势。若采购成本低于市场均值，那么就能在市场占得优势，通过参与期货市场可以将采购成本降到预期范围内。

作为终端消费企业而言，当然希望能以尽可能低的价格采购棉花，但实际情况是，其并不能完全把握市场上棉花价格的波动，因而不能保证以最低的价格采购到棉花原料。若消费企业在棉花价格下跌以前采购了大量的棉花，相对其他终端消费企业而言，成本相对较高，需要通过更高的产品定价来将成本转嫁出去，这样会产生两种后果：一是同等价格水平下盈利空间缩小，一是以更高的价格来出售。当其他终端消费企业以更低的价格采购到棉花原料时，价格上的劣势就会更加明显。

相对于棉花的生产和流通，终端消费企业面临更高的原材料成本上升风险，为规避此风险、锁定生产利润，终端消费企业常见的采购方式有以下几种：

一是在现货市场上进行一次性采购，根据订单所需要的棉花量一次性采购，此方法的好处在于更直接，可以将采购价格锁定在固定位置，而面临的缺点则是造成企业更大的仓储和资金占用成本，以及库存面临的价值贬值风险。

二是根据订单合同来签订原料购销合同，此方式优点在于灵活便利，资金占用压力相对于现货采购而言较小，弊端在于合同的履约状况会影响到后期的生产经营活动。

三是利用期货市场的套期保值来锁定价格。企业根据订单需要的棉花量，可以在期货市场上建立相应的头寸，并持有至合理价位时在期货市场上买入头寸平仓，从而规避现货价格波动的风险。期货标准化合约的特征为供求双方履约提供了保证。利用期货市场既节省资金占用、降低仓储成本，也为后期生产经营提供了保障。

【案例 9－2——纺织企业锁定购买成本——买期保值】

2006 年 8 月 14 日，棉花现货价格为 12600 元/吨，某纺织厂分析认为未来价格会触底回升，后市存在继续上涨的可能。按照该企业订单的实际情况，为防止在随后的销售旺季出现供应紧缺的情况，企业决定通过期货市场买进期货 CF0612 合约（价格为 12400 元/吨）进行保值。可是到了 10 月份，现货没有像预期那样上涨，反而下跌了 600 元/吨。期货价格此时下跌到 11800 元/吨，如果平仓则亏损 600 元/吨，不过现货购买成本也下降了 600 元/吨，两部分相抵，实现了将企业的采购成本锁定在 12600 元/吨的价格水平的预设目标。这里，期货市场和现货市场收支相抵，使得现货市场以更低的价格购入现货，风险相对于起始点得以弥补。

在期货市场进行预买时，只要价格在成本预算之内，便可大胆买入。因为如果期货价格上涨，可平仓盈利；若期货价格下跌，可在能够承受的亏损范围内接货认亏平仓，在现货市场购棉花。参与期货交易的机构或散户担心现货价格进一步上涨，可以事先在期货市场买入期货合约，当现货价格果真上涨时，增加的购买成本可以从期货市场的盈利中得到补偿。

我们知道套期保值的原理是同种商品的期货价格与现货价格走势基本一致，当预计现货价格大势会涨时，期货价格也会涨，因为期货价格和现货价格受到类似的因素影响。在这个例子中，虽然风险并没有得到完全回避，但是通过套期保值降低了原来的风险。在实际中，也会存在少数期现价格背离的情况，这就需要密切关注期现价差的变化情况，在预买时一定要设定期货的止损价位，超出该价位及时止损。

小贴士

什么是买期保值

买期保值指买进期货合约，以规避将来购买现货商品时可能出现的价格上涨风险。换言之，若对现货价格上涨有担心时，就买进期货合约，以防止将来购买现货商品时可能出现的价格上涨。具体做法是，在最终买进现货商品的同时，通过卖出与先前所买进期货同等数量和相同交割月份的期货合约，将期货部位平仓，结束保值。

买期保值操作几种常见的具体情况有：（1）根据现货合同所需按议定价买进，但是担心一旦价格上涨对方会违约。这时可以买进期货，如果现货价格上涨对方违约，则期货的盈利可以弥补现货价格上涨的损失；如果对方守信誉继续履约，则期货平仓成本更低。（2）找到供货方，未确定价格。一旦将来现货价格上涨，加工成本就会提高。（3）未找到供货方，如果价格上涨，只能随行就市。

【案例 9－3——纺织企业利用期现结合降低采购成本】

江苏省某大型纺织厂 2003 年度和 2004 年度受各种因素影响在棉花现货采购中亏损数亿元，甚至不得已对部分合同违约，在市场上造成不良影响，令企业领导对现货市场存在的经营风险极为重视，但是却找不到能够规避市场风险的有效办法。

2004 年 6 月 1 日郑商所棉花期货上市。2005 年，随着期货市场的逐步活跃，期现价差增大，吸引大量套保企业进入市场进行套保。但“五一”过后，由于仓单压力较大，期货现货价格逐渐回归，并且在一段时间内，期货价格低于现货价格。该企业认真学习棉花期货知识后，分析发现当时现货市场 328 级棉花价格在 13500 元/吨 ~ 13700 元/吨，而郑棉期货远期合约价格在 13300 元/吨左右呈下跌趋势，认为期货价格已经超跌，存在较好的期现套利机会。于是该厂根据公司按实际的需求，于 2005 年 6、7、8 月份在期货市场逐步建立了 10 月份到期的多头部位，买进 CF0510 合约 2000 张，最终共持有 10000 吨左右的多头头寸，均价在 13300 元/吨左右。随着 10 月份现货价格上涨到 14200 元/吨，该企业以 14600 元/吨的价格获利平仓，卖出 CF0510 合约 2000 张，从现货市场购进现货 10000 吨。通过这次操作，该企业在现货采购中增加采购成本 300 元/吨（包括利息和仓储成本），共计增加 300 万元，而期货市场上平仓获利 1300 元/吨，共计 1300 万元，盈亏相抵后该纺织企业直接降低成本千万元，很好地利用期货交易开展了采购业务。

三、终端消费企业如何利用棉花期货降低库存贬值风险？

在供应链中，每个企业都会向其上游订货，订货量的多少往往取决于订货成本的多少以及断货风险的大小。纺织企业为保证生产的持续性与稳定性，一般备料存棉两到三个月，资金多的企业库存会相应提高，资金紧张的存棉可能不到一个月。面对瞬息万变的市场行情，加之棉花价格影响因素众多，如果棉花现货价格出现下跌，存棉就会贬值，这将间接增加部分纺织企业的生产成本，削弱其在行业中的竞争力。

在棉花期货出现以前，市场风向的千变万化令很多纺织企业在获取稳定收益的经营中过着战战兢兢、如履薄冰的日子。棉花期货推出以后，很多纺织企业找到了规避棉花价格变化风险的灵丹妙药：在现货价格下跌时，通过开展套期保值业务，在当期卖出期货合约，并于合约到期时买入现货平仓，避免了现货价格下跌造成的存棉贬值，减轻企业的经营负担，有些企业甚至还出现了盈利。

【案例 9－4——期货卖出避免现货库存贬值】

2006 年 12 月至 2007 年 1 月份，棉花现货价格在 13000 元/吨左右，仓单价格在 13300 元/吨左右，CF0705 价格在 14300 元/吨以上，外棉到港价格在 13200 元/吨左右。一切迹象显示，棉花价格将会走软。更糟糕的是，当时纱厂销售不畅利润整体在下滑。湖州一纺织厂囤积了大量的新疆棉，并且由于利润下滑加工量也在萎缩，该纺织厂在棉价较高的时候采购的大量新疆棉面临着较大的贬值风险。为了避免未来棉价持续下跌给企业带来的不利影响，该企业决定利用期货市场操作来卖出部分库存，再从未来现货市场采购更低价格的棉花，来摊低现货成本。

在期货公司专业人员的指导下，该现货客户在期货盘上以 14350 元/吨左右的价格抛 700 张 CF0705 合约，为 3500 吨新疆棉进行套期保值。最后棉价如期下跌，在 4 月 2 日以 13450 元/吨左右的价格平仓，期货交易获利 900 元/吨左右，现货也以 13250 元/吨的价格甩卖减轻压力。该客户新疆棉 12 月份收购成本在 12500 元/吨左右，加上银行利息、内地成本为 13300 元/吨，现货经营亏损 50 元/吨，期货市场与现货市场盈亏相抵，套期保值净获利 850 元/吨，总计 298 万元。

在该企业在此次交易中，期货价格下跌幅度超出现货价格下跌幅度，企业实现低价交割弥补现货库存亏损，在卖出仓单的同时获取一定利润，为终端消费企业规避棉价下跌带来的库存贬值风险提供了好的思路。

四、终端消费企业如何利用期货减少资金占用成本?

一直以来终端消费企业的原材料采购模式多为现货采购。现货采购简单便捷，但是钱货两清的方式却存在一定的弊端，尤其在终端消费企业接到大笔订单而需要大量棉花原料时，企业会面临较大资金压力，相应现货交易会受到影响。如果订单合同出现违约，终端消费企业会面临更大的不确定性风险。而利用期货市场能很好地解决这一矛盾和问题，终端消费企业利用期货市场相比传统现货采购具有减少资金占用成本的优势。

具体来看，一方面棉花期货市场的保证金交易利用资金杠杆作用，用较少的资金占用来解决现货需求，在节省企业库存占用资金从而降低库存贬值风险的同时，提高企业有限资金的使用效率；另一方面终端消费企业还可以利用棉花现货做成标准仓单，通过质押仓单来盘活资金流。

根据郑商所相关规定，标准仓单质押授信的质押率最高可达仓单价值的70%。对于现货经营者而言，仓单质押可以解决企业在交割汇款前占用大量资金的问题，提高资金的利用效率，尤其是资金短缺时的融资问题。企业通过期货市场，将现货做成仓单不仅解决了现货滞压、销售不畅的问题，也通过期货市场规避了价格下跌的风险。

【案例 9－5——利用期货市场采购降低资金占用成本】

2005 年棉花现货价格由 1 月份的 11300 元/吨上涨到 3 月 15 日的 12000 元/吨，某纺织企业认为现货价格还会上涨，非常担心生产成本还会增加。如果按照计划采购 1000 吨棉花，按照现货市场 12000 元/吨的价格来计算，需要 1200 万元的资金量，企业一时无法筹集到大笔资金来买入现货。

通过圈内了解期货市场的人士介绍，企业领导意识到期货市场可以对未来棉花进行交易，按保证金制度，仅需 10% 左右的保证金就可以买卖一手棉花期货合约，资金占用成本较低，于是企业决定在棉花期货市场上买入期货。

2005 年 3 月 15 日，CF0505（2005 年 5 月交割的棉花期货合约）合约价格为 13500 元/吨，该企业买入 200 手此合约；到了 4 月 28 日现货价格涨到 13000 元/吨，期货价格涨到 14000 元/吨，该企业已经在买入期货的头寸上每手盈利 2500 元，合计 50 万元。再加上前期销售资金已经回款，资金压力缓解，4 月 28 日按 13000 元/吨的价格买进现货，相对 3 月 15 日多付 1000 元/吨，共计多支出 100 万元，减去期货平仓盈利的部分，现货采购只需要多支出 50 万元。可见与没有进行期货避险的企业相比，既规避了一部分价格上涨风险，又缓解了企业在此期间的资金不足压力（见表 9－1）。

表 9－1　　操作方案表

	现货	期货
3 月 15 日	12000 元/吨，需要 1000 吨	13500 元/吨，买进 1000 吨
4 月 28 日	13000 元/吨	14000 元/吨
结果	成本提高 1000 元/吨	赚 500 元/吨

值得注意的是，5 月合约选择在 4 月底平仓，是因为进入交割月（5 月）保证金提高到 30%，交易成本太高。另外，现货价格 13000 元/吨，期货买价 13500 元/吨，也没必要对期货买货交割。

此外，企业参与套保等交易，除了缴纳保证金，还要做好期货市场价格剧烈波动时追加保证金的准备。对棉花终端消费企业而言，一方面要考虑企业正常采购需求，另一方面也要考虑到资金套保中可能出现的超出预期的情形，提前在资金配置上预留出合理的空间。

【案例 9－6——棉纺织企业通过仓单质押盘活资金流】

2010 年，国内棉花在产量下降的同时，质量也在下降，某期货公司通过调研发现，高品质的棉花产量较少，符合期货交割标准的棉花更少，不少关注棉花期货市场的现货企业都看涨棉花后市走势。湖北某纺织企业在期货公司的帮助下，决定将 2009 年生产的高品质棉花放慢出库进度以期获得更高的利润。然而，为提高公司成品生产质量和效率，在市场中保持稳定的竞争力，需要对厂房车间进行改造升级。为了筹措资金进行车间改造升级，该公司将手上部分棉花做成仓单，然后在兴业银行进行质押，获得资金 5000 万元。利用这笔资金，公司按期完成车间升级改造计划。到 8 月份，现货价格已经高于期价，并与期价形成共振，出现价格节节攀高现象，公司抓住机会开始销售品质较差的棉花，适当保留高品质的棉花。随着棉花期货仓单主销期临近，公司通过出售低品级的棉花已获得足够的资金还清兴业银行的贷款，将质押仓单释放，转手在期货市场成了“香饽饽”。通过仓单质押业务，不仅将高品质的棉花得到囤积，更重要的是缓解了短期资金压力，保证了企业的正常运转。

小贴士

质押仓单

仓单质押指借款人（仓单持有人）以其自有的、经期货交易所注册的标准仓单为质押物向银行申请其正常生产经营周转所需的短期融资（包括各短期信用业务品种）的业务。标准仓单质押贷款期限为一年，且不得超过仓单有效期。严禁借款人挪用信贷资金从事期货、股票交易或进行固定资产投资、股本权益性投资等。

交易所开展仓单质押业务，有利于企业进行短期融资缓解资金压力。棉花企业每年棉花收购均需要大量的资金，给企业进行正常的套期保值带来较大的压力。通过仓单质押既可以解决货主企业流动资金紧张的困难，同时保证银行放贷安全，又能拓展仓库服务功能，增加货源、提高效益，可谓“一举三得”。

五、终端消费企业如何建立完善的风险管理机制?

纺织企业处在棉花产业链的下游，面临着较高的原料价格波动风险。对于终端消费企业而言，棉花等纺织原料的采购成本，占到企业总成本的70%左右，控制棉花的采购成本对于国内纺织企业的生存与发展显得尤为重要。棉花的价格会影响到整个行业的成本及盈利状况，如何利用好棉花期货市场规避棉花价格的剧烈波动、降低采购成本，成为国内纺织企业必须要面临的课题。终端消费企业要尽可能利用棉花期货市场套期保值来规避市场风险。具体来看，可以从以下方面来完善企业风险机制的建设：

（一）为开展棉花期货作准备

公司董事会授权主管经营工作的人员负责棉花期货业务，授权公司经营部具体进行业务操作。公司制定《套期保值管理制度》，以规范棉花期货操作，相关参与人员要充分理解棉花期货业务的特点与风险。

（二）棉花期货投资的风险分析

1. 产品价格波动风险：因价格变化使持有的期货合约的价值发生变化的风险，以及价格波动使投资者的期望利益受损的风险。

对策：投资前要周密考虑，制订正确、完善的交易计划，在确定的交易计划框架内进行交易。同时在期货预案中对一旦出现期现背离的情况，采取分级设置合理止损位，或及时追加保证金的方式，尽量减少产品价格波动风险。

2. 流动性风险：棉花期货交易面临期货合约流通量风险和公司资金量风险。

对策：经过棉花期货市场几年的发展，目前棉花期货品种持仓数量较大、交易活跃，因此通过合理计划、周密安排资金使用，可有效降低流动性风险。

3. 信用风险：由于交易对手不履行合约责任而导致的风险。

对策：棉花期货在郑商所上市五年多以来，各项管理制度日趋完善，期货交易由交易所担保履约责任因而几乎不存在信用风险。

4. 操作风险：因信息系统或内部控制方面的缺陷而导致意外损失的可能。

对策：在投资过程中，严格按照公司《套期保值管理制度》制订详实的操作预案，合理设置止损位置，加强业务管理，减少操作风险。

5. 法律风险：在期货交易中，由于相关行为与相应的法规发生冲突，致使无法获得当初所期待的经济效果甚至蒙受损失的风险。

对策：在业务操作过程中，遵守国家法律和公司相关规定，与具备资格的经纪公司签订期货经纪合同，降低法律风险。

（三）风险管理策略说明

1. 公司开户的经纪公司均应为具备经纪资格的合法公司，并与之签订经纪合同。

2. 公司资金较充裕，具有一定的期货投资经验。公司制定了《套期保值管理制度》对期货业务进行管理，可最大限度避免制度不完善、工作程序不恰当等造成的操作风险。

3. 在每一次业务开展前，首先制订详细的投资策略与计划，将风险降至可以承受的程度，并充分评估投资风险与收益。

4. 在每一次业务开展过程中，由公司审计部对投资过程进行监控，授权操作部门及时将有关情况进行上报，确保风险可控。

（四）棉花期货公允价值分析

期货交易的价格形成具有预期性、连续性、公开性、权威性等特点。通过投资棉花期货，可以实现规避风险、发现价格的功能。通过套期保值等投资操作，可以锁定生产成本，实现预期利润，利用价格信号组织安排生产，拓展采购渠道。具体操作过程中，都要在事前计划中进行定量分析，计算出投资风险与收益。

（五）会计政策及核算原则

公司根据经营实际需要从事与主业相关的简单期货投资。公司在运用期货市场规避棉花现货价格变动所带来的实际价格风险时，应按以下会计方法进行处理。

属于公允价值套期的，套期工具公允价值变动形成的利得或损失计入当期损益；被套期项目因被套期风险形成的利得或损失计入当期损益，同时调整被套期项目的账面价值。属于现金流量套期的，套期工具利得或损失中属于有效套期的部分，直接确认为所有者权益，并单列项目反映；套期工具利得或损失中属于无效套期的部分（即扣除直接确认为所有者权益后的其他利得或损失），计入当期损益。公司采用比率分析法评价套期有效性。公司将不作为有效套期工具的衍生品投资划分为交易性金融资产或金融负债，上述交易性金融资产或金融负债按照取得时的公允价值作为初始确认金额，相关的交易费用在发生时计入当期损益。支付的价款中包含已宣告但尚未发放的现金股利或已到付息期但尚未领取的债券利息，单独确认为应收项目进行处理。持有期间取得的利息或现金股利确认为投资收益。资产负债表日，将持有的交易性金融资产或金融负债的公允价值变动计入当期损益。处置该金融资产或金融负债时，其公允价值与初始入账金额之间的差额确认为投资收益，同时调整公允价值变动损益。

自　测　题

一、填空题

1. 纺织企业需要高品质棉花时，现货市场一时难以实现，企业可以通过期货市场买入进行交割，这主要是基于期货市场______，可以增加买卖双方的成交效率。

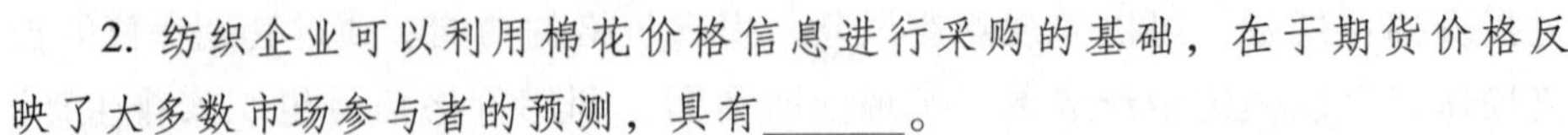

2. 纺织企业可以利用棉花价格信息进行采购的基础，在于期货价格反映了大多数市场参与者的预测，具有______。

3. 当期货价格发出明确的走软信号时，企业可以根据消费情况放缓采购进度，推迟采购时间点，若库存较高，可以在期货市场______以防止极端行情出现造成的贬值。

4. 通过期货市场的实物交割来采购原材料具有______和______两大优点。

5. 套期保值的申请必须在套期保值合约交割月前一个月的第______个交易日之前提出（不含该交易日），逾期交易所不再受理该交割月份合约的套期保值申请。

二、选择题

1. 采购是纺织企业最重要的活动之一，棉花期货市场对纺织企业采购活动的指导作用主要体现在(　　)。

A. 采购数量　　B. 采购时间

C. 采购价格　　D. 采购品质

2. 纺织企业利用期货市场指导现货采购，在确定采购价格升贴水时可以参照的标准包括(　　)。

A. 棉花期货价格　　B. 棉花现货价格

C. 同行的采购价格　　D. 交割棉花的品质

3. 我国棉花产业难以满足现代棉纺织工业的要求，主要原因包括(　　)。

A. 商品棉异型纤维含量高　　B. 同级棉不批次

C. 不同棉包产品等级有差异　　D. 棉花总体产量低

4. (　　)情况下，考虑买期保值。

A. 根据现货合同需按议定价买进，但是担心一旦价格上涨对方会违约

B. 找到供货方，未确定价格。一旦将来现货价格上涨，加工成本就会提高

C. 未找到供货方，如果价格上涨，只能随行就市

D. 为了防止日后购进现货商品时价格下跌

5. 用于期货套期保值的资金由企业法人授权期货部门经理进行调拨。期货部门在保值方案中应制订资金需求计划。在保值方案确定后，按方案所需资金和时间要求及时足额提供保证金，如遇行情突变需临时增加保证金时，则由期货部门提出书面报告经有关领导批准后由财务部增拨资金，平时保证金有富裕时应及时调回企业。用于交割提货的资金由期货部门在接到现货部门提出的交割数量后在交割月的前一个月向财务部提出申请；卖出保值头寸交割后，要求期货公司必须将(　　)尽快汇到企业资金账户上。

A. 全部交割货款　　B. 80%货款

C. 70%货款　　D. 50%货款

6. 棉花期货交易面临期货合约流通量风险和公司资金量风险。经过棉花期货市场几年的发展，目前棉花期货品种持仓数量较大，交易活跃。公司投资金额较小且资金较充裕，通过合理计划、周密安排资金使用，可有效降低(　　)风险。

A. 流动性　　B. 产品价格波动风险

C. 信用风险　　D. 法律风险

7. 在期货市场进行预买时，只要价格在成本预算之内，就可以大胆买入。因为如果期货价格上涨，可以平仓盈利，若期货价格下跌，只要在可承受的亏损范围内接货，也可认亏平仓，在现货市场购棉花，前提是在预买时一定要设定期货部位的(　　)，超出该价位及时止损。

A. 止损价位　　B. 止盈价位

C. 预期目标　　D. 盈利最低目标

8. 企业可以在期货市场卖出现货。当期货价格与现货价格差别大时，可以选择交割实现价差。比如，棉花现货价格为9000元/吨，而棉花期货价格为10000元/吨，只要实现了交割，其价差1000元/吨是一定可以得到的。尽管期间期货价格的变化，可能会使账面出现浮动亏损，但只要按要求追加保证金，坚持到交割月交割，期间的浮动亏损就不会成为实际亏损。如果当初卖出期货时，考虑的是未来价格会下跌，但后来证明判断错了，或认为交割比平仓划算，这时可以选择交割，这属于(　　)。

A. 套期保值　　B. 现货贸易

C. 及时止损　　D. 仓单贸易

参考答案

一、填空题

1. 充裕的流动性　　2. 权威性　　3. 卖出

4. 质量能够得到保证、采购合约履行能够得到保障　　5. 一

二、选择题

1. ABCD　　2. AD　　3. ABC　　4. ABC　　5. A

6. ABCD　　7. A　　8. D

第十章
棉花期货实物交割

【本章要点】

实物交割是期货市场联系现货市场的纽带，是期货和现货价格回归、趋向一致的重要结点。当投资者要履行交割任务时，我们就需要也有必要对棉花期货的交割规则进行了解。学习了解棉花期货交割规则对投资者尤其是法人客户具有很重要的意义。

为与国家政策保持一致，推进棉花质检体制改革规定，实现期现充分结合，2009年底郑州商品交易所对期棉合约及规则的内容进行修改，修改后的规则更加简洁，便于广大投资者理解和掌握。新棉花合约规则主要涉及《郑州商品交易所期货交割细则》（以下简称交割细则）、《郑州商品交易所标准仓单管理办法》（以下简称仓单管理办法）、《郑州商品交易所期货结算细则》（以下简称结算细则）。其中，交割细则和仓单管理办法修改内容较多。由于改为实施大包棉交割，交割细则改动主要涉及交割单位、交割品级及个别指标的升贴水、仓单不通用、时间贴水、配对原则等。仓单管理办法的修改主要包括入库时间、入库的质量要求、仓单有效期以及出库规定等。

一、棉花质量如何鉴定?

棉花期货合约是标准化合约，对棉花质量有比较严格的要求，加强对棉花质量的监督管理，不仅可以维护棉花市场秩序，也有助于保护棉花交易各方的合法权益。因此，各国都对棉花期货质量制定了不同的标准，下面将具体进行介绍。

(一) 棉花品级规定

我国棉花的质量检验是按照国家标准 GB1103 - 1999 进行的。根据棉花的成熟程度、色泽特征及轧工质量，棉花品级分为 7 个级，即一至七级，三级为品级标准级，七级以下为等外棉。锯齿棉的品级划分如下：

表 10 - 1　　我国棉花品级划分标准

品级	籽棉	锯齿棉		
		成熟程度	色泽特征	轧工质量
一级	早、中期优质白棉，棉瓣肥大，有少量一般白棉和带淡黄尖、黄线的棉瓣，杂质很少	成熟好	色洁白或乳白，丝光好，微有淡黄染	索丝、棉结、杂质很少
二级	早、中期好白棉，棉瓣大，有少量轻雨锈棉和个别半僵棉瓣，杂质少	成熟正常	色洁白或乳白，有丝光，稍有淡黄染	索丝、棉结、杂质少
三级	早、中期一般白棉和晚期好白棉，棉瓣大小都有，有少量雨锈棉和个别僵瓣棉，杂质稍多	成熟一般	色白或乳白，稍有丝光，有少量淡黄染	索丝、棉结、杂质较少
四级	早、中期较差的白棉和晚期白棉，棉瓣小，有少量僵瓣或轻霜、淡灰棉，杂质较多	成熟稍差	色白略带阴黄，有淡灰、黄染	索丝、棉结、杂质稍多
五级	晚期较差的白棉和早、中期僵瓣棉，杂质多	成熟较差	色灰白有阴黄，有污染棉和糟绒	索丝、棉结、杂质较多
六级	各种僵瓣棉和部分晚期次白棉，杂质很多	成熟差	色灰白或阴黄，污染棉、糟绒较多	索丝、棉结、杂质多
七级	各种僵瓣棉、污染棉和部分烂桃棉，杂质很多	成熟很差	色灰黄，污染棉、糟绒多	索丝、棉结、杂质很多

棉花品级检验是以品级实物标准结合品级条件进行。在灯光检验分级室内，对照实物标准，同时辅助其他一些措施，如用手扯、手感来体验棉花成熟程度和强度，看色泽特征和轧工质量以确定品级。棉花入库重量和质量检验实行公证检验制度，按照棉花国标 GB1103 – 2007 和《期货交割棉公证检验实施办法（试行）》执行，包装及包装物验收按照国家相关规定；出入库复检按照《期货交割棉公证检验实施办法（试行）》执行。

（二）棉花长度分级

按照棉花国标 GB1103 – 2007 规定，棉花纤维长度以 1 毫米为级距，分为 25 ~ 31 毫米 7 个长度级，28 毫米为长度标准级。除 25 毫米外，其他均为保证长度。也就是说，28 毫米表示棉花纤维长度为 28.0 ~ 28.9 毫米，以此类推。同时规定五级棉花长度大于 27 毫米，按 27 毫米计；六、七级棉花长度均按 25 毫米计。

棉花长度检验采用手扯尺量法进行，手扯纤维得到棉花的主体长度（一束纤维中含量最多的一组纤维的长度），用专用标尺测量棉束，得出棉花纤维的长度。检验时，取代表性的棉样，双手平分，抽取纤维反复整理成没有丝团、杂物和流离纤维的平直棉束约 60 毫克，棉束宽度约 40 毫米；置于黑绒板上用纤维专用尺在棉束两端切线，切线位置以不露黑绒板为准，量取两切线距离，量取结果保留一位小数。

（三）棉纤维长度的影响因素

不同品种、不同棉株、不同棉铃上的棉纤维长度有很大差别，即使同一棉铃不同瓣位的棉籽间，甚至同一棉籽的不同位置上，其纤维长度也有差异。一般来说，棉株下部棉铃的纤维较短，中部棉铃的纤维较长，上部棉铃的纤维长度介乎二者之间；同一棉铃中，每瓣籽棉的中部棉籽上着生的纤维较长。

（四）棉花马克隆值的测量

马克隆是英文 Micronaire 的音译，马克隆值是反映棉花纤维细度与成熟度的综合指标，是棉纤维重要的内在质量指标之一，与棉纤维的使用价值关系密切。按照国标棉花国标 GB1103 – 2007 规定，马克隆值分为 A、B、C 三级，B 级为标准级。A 级取值范围为 3.7 ~ 4.2，品质最好；B 级取值范围为 3.5 ~ 3.6 和 4.3 ~ 4.9；C 级取值范围为 3.4 及以下和 5.0 及以上，品质最差。

具体测量方法是采用一个气流仪来测定恒定重量的棉花纤维在被压成固定体积后的透气性，并以该刻度数值表示，数值越大表示棉纤维越粗，成熟度越高。

（五）马克隆值与成纱质量的关系

马克隆值与成纱质量有密切的关系。马克隆值高的棉纤维能经受机械打击，易清除杂质，成纱条干均匀，外观光洁，疵点少，成品的制成率高。但马克隆值过高，会影响成纱强力。马克隆值过低的棉纤维往往成熟度差，容易产生有害疵点，染色性差。所以只有马克隆值适中的棉花，才能兼顾两方面，获得较全面的经济效益。

（六）棉纤维的成熟度判定

棉纤维成熟度是指纤维细胞壁加厚的程度，细胞壁愈厚，其成熟度愈高，纤维转曲多、强度高、弹性强、色泽好，相对的成纱质量也高；成熟度低的纤维，各项经济性状均差，但过熟纤维也不理想，纤维太粗、转曲也少、成纱强度反而不高。

（七）棉花回潮率的测算

回潮率是指棉花中所含的水分与干纤维重量的百分比。回潮率与含水率不同，含水率是指棉花中所含的水分与湿纤维重量的百分比。国标规定，棉花公定回潮率为 8.5%，回潮率最高限度为 10.5%。具体计算公式为：回潮率 =（湿纤维重量 – 干纤维重量）/干纤维重量 ×100%。实际工作中回潮率是用电测器法测定的。

（八）含杂率的测定

含杂率指棉花中含有的如沙土、枝叶、铃壳、软籽表皮等非危害性杂物的比例。国标规定锯齿棉标准含杂率为2.5%。实际工作中一般用原棉杂质分析机测定原棉含杂率。

(九)棉花成本和仓单成本的计算

皮棉价格=[籽棉价格-棉籽价格×(1-衣分-0.01)]÷(衣分-0.01)×2000

如籽棉2.60元/斤，衣分率是35%，棉籽价格0.68元/斤，折合成皮棉：[2.60-0.68×(1-0.35-0.01)]÷(0.35-0.01)×2000=12734元/吨(不含加工费)。

棉花的衣分：棉花的衣分表示籽棉加工成皮棉的比例。正常年份，棉花的衣分为36%~40%，也就是说，100公斤籽棉能够加工出36~40公斤皮棉。

衣分的高低与种子表面单位面积的纤维数、纤维长短、纤维粗细成正比，与种子重量成反比。它主要受品种遗传特性的影响，同时也受纤维发育期间的温、光、水、肥等条件和棉铃着生部位的影响，但相对来说比较稳定。衣分高的品种可达45%左右，退化的品种衣分只有30%左右，甚至更低。

仓单成本价=收购价[①]+成本(交易手续费[②]+交割手续费[②]+运输成本[③]+入库费用[④]+仓储费[⑤]+配合公检费[⑥]+资金占用利息[⑦]+增值税[⑧])+等级升贴水[⑨]

如收购价成本为13000元/吨，交割的是428(贴水500)，则仓单成本13500元/吨，若期货价格为14000元/吨，则利润为500元/吨。为什么要计算等级升贴水呢？因为这涉及交易所规定的升贴水与现货实际可能会有出入。如果货物到指定交割仓库后，发现质量不合格，发生的交割费用就会增加。因此，在计算收益水平时，一定要考虑一旦不

注：①收购价视各自的收购情况而定；②交易手续费和交割手续费由每家期货公司确定；③运输费视货物所在地与仓库间距离而定，还包括人工成本、货物一旦不合格的整理费、往返费用等；④入库费用是仓库收费，火车运输入库：小包28元/吨，大包38元/吨(铁路代转、卸车、库内运输、码垛等)；汽车运输入库：15元/吨(卸车、搬运、码垛等)；⑤0.6元/天·吨。只要货物在仓库，就要付费；⑥配合公检费25元/吨；⑦利息，如果是自有资金，则此费用可以忽略不计，如果是银行贷款，则视贷款时限与利率决定；⑧增值税计税价格是交割结算价(交割月10个交易日的加权平均价)，而非建仓价。这个价格可能高于建仓价，也可能低于建仓价。也就是说，既可能多交税，也可能少交税；⑨等级升贴水见郑商所规定。

合格的成本。另外，还需要考虑交割仓库是否具有升贴水，如湖北银丰库贴水 100 元/吨。

（十）公定重量的计算

公定重量是准重按棉花公定回潮率折算后的重量。计算方法是：毛重减去包装物重量（皮重）得到净重，净重按标准含杂率扣补后得到实际回潮率下的准重，准重按公定回潮率折算后得到公定重量。计算公式如下：

净重 = 毛重 - 包装物重

准重 = 净重 ×（100 - 实际含杂率）÷（100 - 标准含杂率）

公定重量 = 准重 ×（100 + 棉花公定回潮率）÷（100 + 棉花实际回潮率）

国标规定：锯齿棉标准含杂率为 2.5%；棉花公定回潮率为 8.5%。

公定重量与净重的关系：

公定重量 = 准重 ×（100 + 棉花公定回潮率）÷（100 + 棉花实际回潮率）
= 净重 ×（100 - 实际含杂率）÷（100 - 标准含杂率）×（100 + 棉花公定回潮率）÷（100 + 棉花实际回潮率）
=（毛重 - 包装物重）×（100 - 实际含杂率）÷（100 - 标准含杂率）×（100 + 棉花公定回潮率）÷（100 + 棉花实际回潮率）

【案例 10 - 1——公定重量的计算】

一批棉花毛重为 20 吨，包装物重量为 100 公斤，经检验，实际含杂率为 3%，实际回潮率为 10%，则这批棉花公定重量为 19.62 吨。具体计算公式如下：

净重：20 - 0.01 = 19.99 吨

准重：19.99 ×（100 - 3）÷（100 - 2.5）= 19.89 吨

公定重量：19.89 ×（100 + 8.5）÷（100 + 10）= 19.62 吨

二、棉花期货合约中对交割标准棉花有什么要求？

棉花期货合约的交割品是符合《中华人民共和国棉花细绒棉》（GB

1103－2007）规定的328B国产锯齿细绒白棉，具体要求是：

1. 交割品级：主体品级或结算品级为3级。

2. 长度：28毫米及以上，其中标准等级为28毫米。

3. 马克隆值：A、B、C2级，其中标准等级为B级；C1级不得参与交割。

4. 回潮率：单包回潮率不大于10%，采用塑料袋包装的单批单包回潮率不超过9%，若按批计算平均回潮率不超过8.5%。

5. 交割单位：185±5包（227±10公斤/包）。

6. 包装：符合《中华人民共和国国家标准棉花包装》（GB6975－2007）规定的I型号棉包（227±10公斤），且须附有检验证书及原码单。

7. 棉花来源：同一包棉花源于同一产地、同一棉花加工厂生产的棉花。

（一）交割棉的主体品级

国标规定：含有相邻品级的一批棉花中，所占比例80%及以上的品级为主体品级。这个规定有以下几个含义：主体品级的棉花要占该批棉花80%及以上；一批棉花中，要有一个品级至少占该批棉花80%及以上的比例；否则，质量不符合要求；一批棉花中，不允许有跨主体品级（跨主体品级是指主体品级及其上下相邻品级之外的其他品级）的棉花存在，只允许有相邻品级的棉花；一批棉花中，与主体品级上下相邻品级的棉花所占比例之和不得超过20%。

根据按批检验结果，从高品级起依次降级累计，直至累计比例大于或等于80%的品级，且未累计品级仅与其相邻（见表10－2）。

表10－2　　棉花主体品级划分示意表

一级	二级	三级	四级	五级	累计结果
5%	80%	15%			有主体
5%	75%	10%	10%		三级：90%　四级：10%
5%	20%	50%	20%	5%	四级：95%　五级：5%
	85%		15%		三级：85%　四级：15%
	85%			15%	四级：85%　五级：15%

比如，某轧花厂的一批棉花检验结果是：三级 73%，四级 5%，五级 22%。该批棉花为无主体品级棉花。结算品级为五级。累计方式如下：该批棉花三级占 73%，需要降到四级，而此时仍未达到主体品级要求，需要再次降级到五级，此时累计结果是：五级 100%，若进行期货交割需品级贴水 1300 元/吨。

（二）棉花期货合约交割品的升贴水规定

根据郑商所棉花交割相关制度规定，棉花期货交割品的升贴水规定见表 10－3。

表 10－3　　一号棉中交割品的升贴水情况

项目		升贴水（元/吨）	
		一号棉	二号棉
主体品级/结算品级	1	450	150
	2	300	0
	3	0	－300
	4	－500	－900
	5	－1300	
长度（毫米）	28～29	0	0
	30 及以上	100	100
马克隆值	A	50	0
	C2	－100	
异性纤维	N≤1 包	0	
	N≥2 包	－200（N－1）	
新疆棉升水		新疆棉同等级升水 200 元/吨	
时间贴水		N 年产的锯齿细绒白棉从 N＋1 年 8 月 1 日起每日增加贴水 4 元/吨，至 N＋2 年 3 月最后工作日	

【案例 10－2——棉花期货合约交割品升贴水的计算】

某标准仓单对应的交割棉为 2010 年 40 吨新疆棉花，其检验结果为累计品级为 2 级，马克隆值为 C2，纤维长度 32，其中检出 29 包棉花含有异性纤维，请问该客户在 CF1105 合约上进行交割，升贴水是多少？

①新疆棉升水：200 元/吨；

②主体品级升水：300 元/吨；

③马克隆值贴水：100 元/吨；

④时间贴水：0；

⑤长度升水：100 元/吨；

⑥异性纤维贴水：（29 - 1） ×200 = 5600 元。

该仓单总升贴水为：（200 + 300 - 100 + 100） 元/吨 ×40 吨 - 5600 元 = 14400 元。

马克隆值为 C1 的棉花是否可以用于郑州棉花期货交割？

不能。按照郑商所交割规则中关于马克隆值的规定，B 级为标准交割等级，A、C2 级施行升贴水，其中 A 升水 50 元/吨，C2 贴水 100 元/吨，C1 不得参与交割。

新疆棉和湖北仙桃棉花凑成的棉花包能不能入库交割？

不能。按照郑州商品交易棉花期货交割品的规定，用于交割的同一包棉花必须为源于同一产地、同一棉花加工厂生产的棉花。

三、什么是棉花期货合约的标准化仓单？

棉花标准仓单是指指定交割仓库在完成入库棉花验收、确认承检机构出具的检验结果符合棉花期货合约规定的质量标准并签发“货物存储证明”等实物所有权单据后，经郑商所注册可以在郑商所流通的有效凭证。

棉花标准仓单的表现形式为“棉花标准仓单持有凭证”，其内容包括：期货经纪公司号，期货经纪公司名称，投资者名称，投资者编码，棉花品种、等级、生产年度、类别、标准仓单数量、冻结数量、抵押数量、质押数量等。

四、棉花期货交割制度是怎样的？

期货交割是指期货合约到期时，交易双方通过该期货合约所载商品所有权的转移，了结到期未平仓合约的过程。交割方式有现金交割和实物交割两类：现金交割是指合约到期日，核算交易双方买卖价格与到期日结算价格相比的差价盈亏，把盈亏部分分别结算到相应交易方，期间不涉及标的实物交割；实物交割是指合约到期日，卖方将相应货物按质按量交入交易所指定交割仓库，买方向交易所交付相应货款，履行期货合约。

（一）棉花期货交割方式

棉花期货实行集中交割，采用三日交割法（流程见图 10－1）。

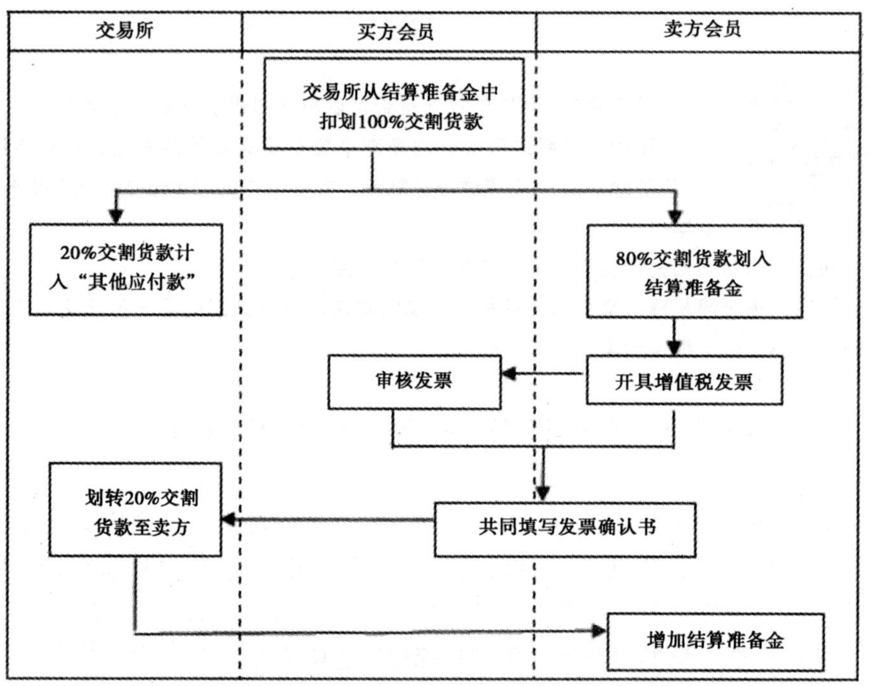

图 10－1　棉花交割流程图

1. 配对日。自进入交割月第一个交易日起至最后交易日的前一交易日，持有交割月合约和标准仓单的卖方期货经纪公司可在每个交易日下午 2 时 30 分之前，通过期货经纪公司服务系统提出交割申请。卖方提出棉花期货交割申请时，需同时提交相应的棉花仓单信息。

买方期货经纪公司在期货经纪公司服务系统响应卖方期货经纪公司的交割申请（选择棉花仓单）；买方期货经纪公司响应的，即视为确认，买卖双方均不得撤销。未得到买方期货经纪公司响应的，卖方期货经纪公司可于申请当日下午2时30分之前撤销交割申请；没有撤销的，由计算机系统判为作废。当日闭市后，交易所按确认结果进行配对（即配对日）。配对后，卖方相应的标准仓单予以冻结，相应的交易保证金予以释放。

2. 通知日。最后交易日后的第一个交易日（即通知日），买卖双方到交易所结算部签领“交割通知单”。

3. 交割日。最后交易日后的第二个交易日（即交割日）上午9时之前，买方期货经纪公司应当将尚欠货款划入交易所账户，卖方期货经纪公司应当将“标准仓单持有凭证”交到交易所结算部。买卖双方应当在规定时间到交易所结算部办理具体交割及结算手续，同时，买方期货经纪公司把投资者名称和税务登记证号等事项提供给卖方期货经纪公司。

交割日，交易所收取买方期货经纪公司全额货款，并于当日将全额货款的80%划转给卖方期货经纪公司，同时将卖方期货经纪公司仓单交付买方期货经纪公司。余款在买方期货经纪公司确认收到卖方期货经纪公司转交的增值税专用发票时结清。发票的传递、余款的结算，期货经纪公司均应当盖章和签字确认。

（二）最后交易日的配对

1. 最后交易日下午，该棉花合约不再进行交易。上午闭市后，同一期货经纪公司同一交易编码客户所持有的该交割月买卖持仓相对应部分由计算机自动平仓，平仓价按当日结算价计算。其他未平仓合约，一律视为交割合约。

2. 下午1时30分之前，卖方应主动公布用于该棉花合约交割的仓单信息。卖方未主动公布的，交易所于下午1时30分公布卖方所有棉花有效仓单信息供买方挑选；买方挑选卖方仓单的总数量不超过卖方该合约的持仓量。

3. 下午1时30分到2时30分，买方根据卖方的仓单信息，自主选择仓单并确认。

4. 当日闭市后，交易所按确认结果进行配对；其他仍未配对的持仓，由计算机按数量取整、最少配对数原则予以配对。

自然人能否进入交割月？

按照郑商所规定自然人不能进入交割月，只有法人客户才能进入交割月。如果在进入交割月的前一天，非法人客户不自行了结头寸，交易所会对非法人客户的头寸进行强平。因此，非法人客户需要注意，在进入交割月之前，一定要择机了结头寸。

（三）交割仓库不允许转存为期货交割商品的情形

交割仓库不允许转存为期货交割商品的情形如下：

（1）掺杂使假的；

（2）非同一产地、非同一棉花加工厂生产的棉花；

（3）棉包出现严重污染、水渍，发现火烧、霉变等，或者有异味的以及包装不完整的；

（4）未经检验，棉包标志不符合国家标准规定的；

（5）崩包率大于5%的；

（6）非本棉花年度生产的；

（7）单包回潮率大于10%的；采用塑料套包法包装的，一批棉花中单包回潮率超过9%，或者按批计算的平均回潮率超过8.5%的；

（8）经检验发现品级有六级及以下的；

（9）经检验发现马克隆值有C1级的；

（10）其他不符合交割规定的条件。

（四）交割仓单的生成、注销和交割（见图 10－2、图 10－3、图 10－4）

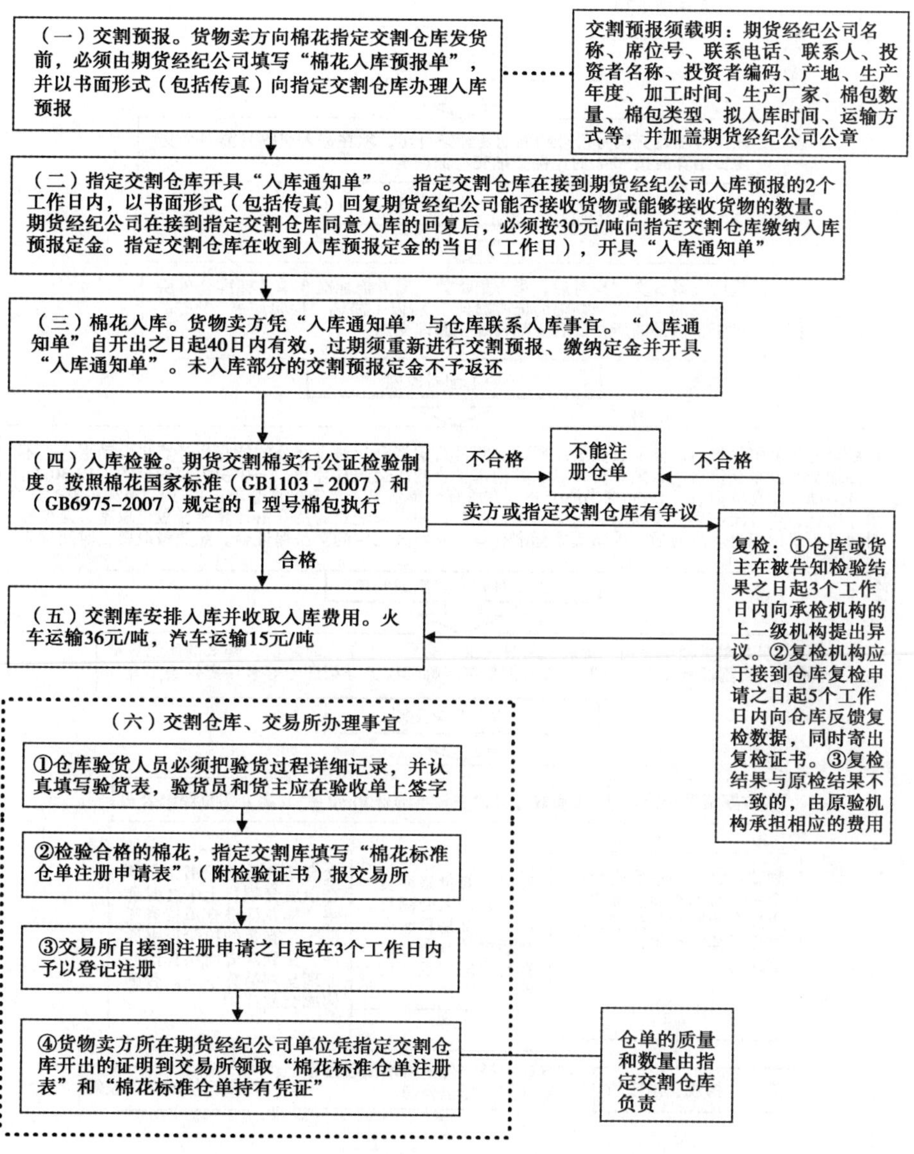

图 10－2　棉花仓单如何注册（入库）流程图

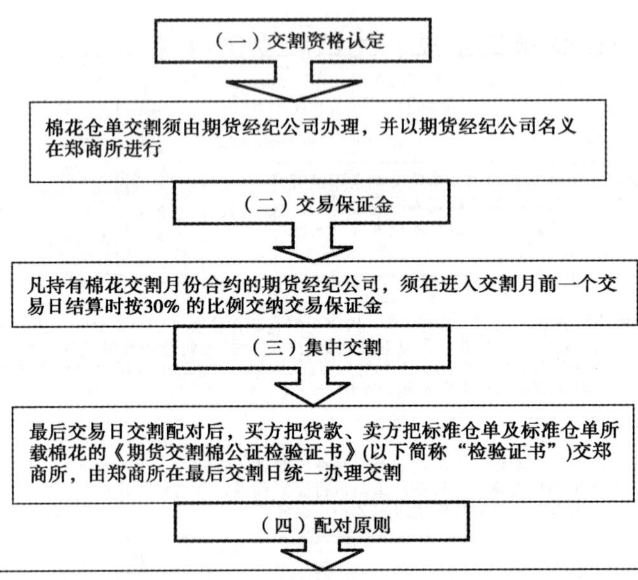

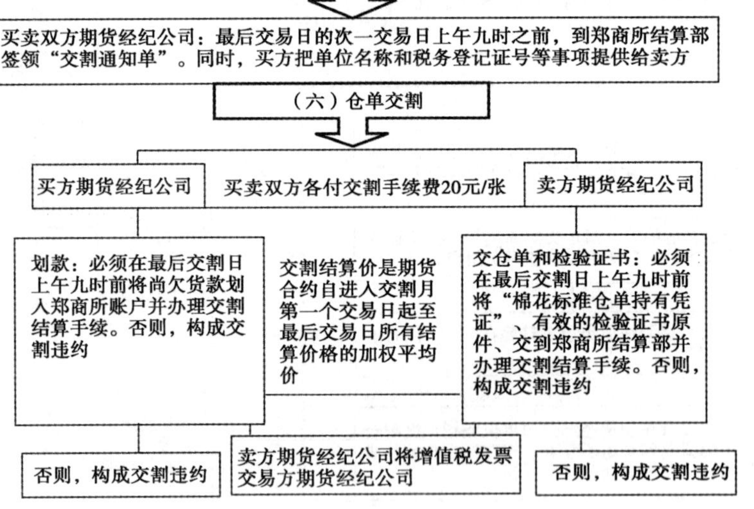

图 10－3　棉花期货实物交割流程

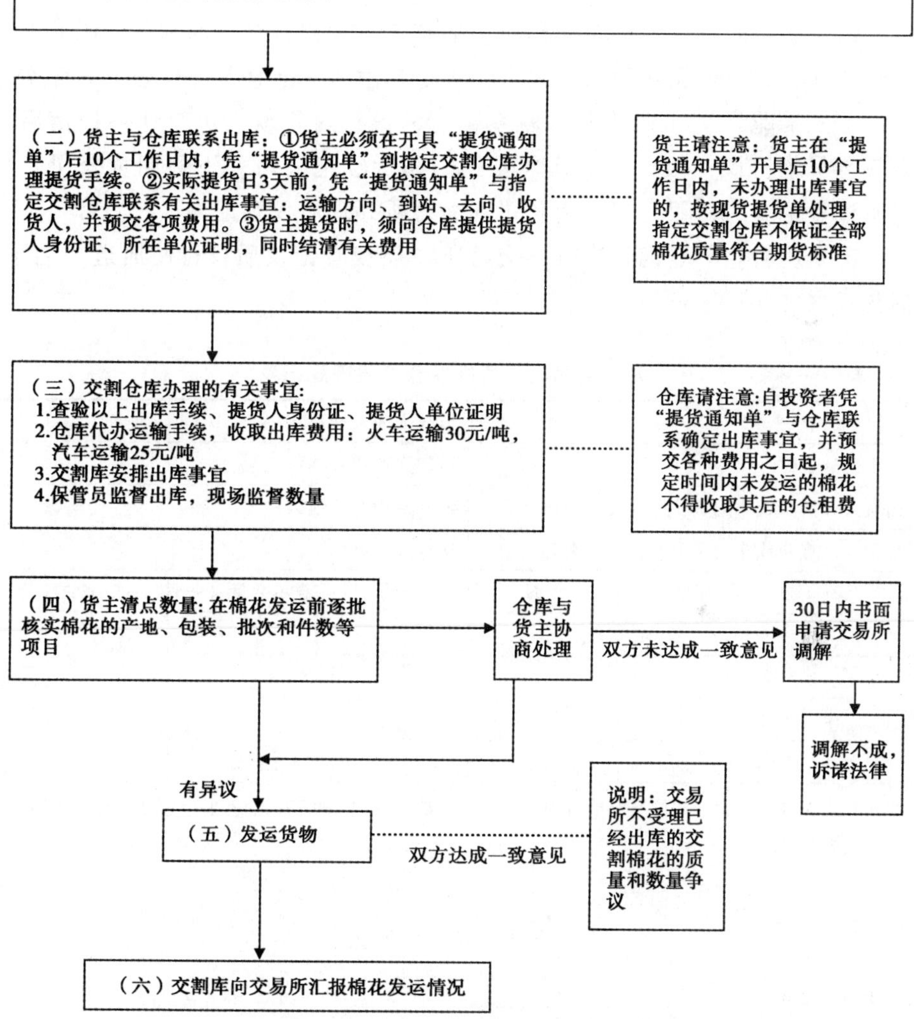

图 10－4　棉花仓单注销（出库）流程图

五、如何质押棉花仓单贷款？

由于仓单质押业务涉及交易所、棉花货主和银行三方的利益，因此要有一套严谨、完善的操作程序。表 10－4 是郑商所标准仓单质押登记表样本。

首先棉花货主（借款人）联系银行，银行对贷款人进行评估授信后双方签署贷款协议；银行、贷款人委托的期货经纪公司（下称期货公司）填写质权登记表后，银行与期货公司到交易所办理质权登记。

交易所将仓单登记到银行在交易所“质权登记及质权行使通道”名下，棉花货主可获得银行的贷款。

表 10－4　　　　郑州商品交易所标准仓单质押登记表

转出会员号：			质权人通道号：		
转出会员名称：			质权人通道名称：		
出质人（客户或非期货公司会员）编码：			特别专用交易编码：		
出质人（客户或非期货公司会员）名称：			质权人名称：		
品种	年度	等级	类别	仓单数量（张）	备注
合计					
声明：质押各方已就上述标准仓单质押事宜达成协议，特向郑州商品交易所申请办理有关手续。 出质人签章： 转出会员（公章）　质权人（公章）：　交易所（章）： 转出会员经办人：　质权人经办人：　结算部经办人： 办理日期：　年　月　日					

备注：1. 协议各方对上述填写内容的真实性负责。

2. 本“标准仓单质押登记表”一式三联，交易所结算部、质权人、会员各留存一联。

棉花货主贷款偿还后，期货公司与银行到交易所办理解除登记手续，交易所将仓单重新登记回期货公司席位之下，棉花货主再次获得该棉花仓单的所有权。

目前，郑商所已与建行、民生、光大、交通、兴业、招商、广发、深发展八家银行开通了仓单质押业务。

小贴士

质押仓单

仓单质押指借款人（仓单持有人）以其自有的、经期货交易所注册的标准仓单为质押物向银行申请其正常生产经营周转所需的短期融资（包括各短期信用业务品种）的业务。标准仓单质押贷款期限为一年，且不得超过仓单有效期。严禁借款人挪用信贷资金从事期货、股票交易或进行固定资产投资、股本权益性投资等。

交易所开展仓单质押业务，有利于企业进行短期融资缓解资金压力。棉花企业每年棉花收购均需要大量的资金，给企业进行正常的套期保值带来较大的压力。通过仓单质押既可以解决货主企业流动资金紧张的困难，同时保证银行放贷安全，又能拓展仓库服务功能，增加货源，提高效益，可谓“一举三得”。

【案例 10－3】

棉花公司为缓解当前资金紧缺进行棉花仓单仓单押压业务。其办理流程是（见图 10－5）：

（1）提交申请材料。借款人须向交易所所在地银行或当地银行提供以下资料：

①营业执照（正副本）、组织机构代码证、税务登记证、公司章程、贷款卡原件和复印件；

②借款人近三年审计报告和最近月份财务报表；

③拟质押标准仓单清单与权属凭证（复印件）及仓单所有人同意质押的决议原件；

④借款人有权机构关于借款及同意质押的决议原件；

⑤借款人法人代表身份证复印件，董事会成员及授权人签字样本。

（2）银行审查、审批。

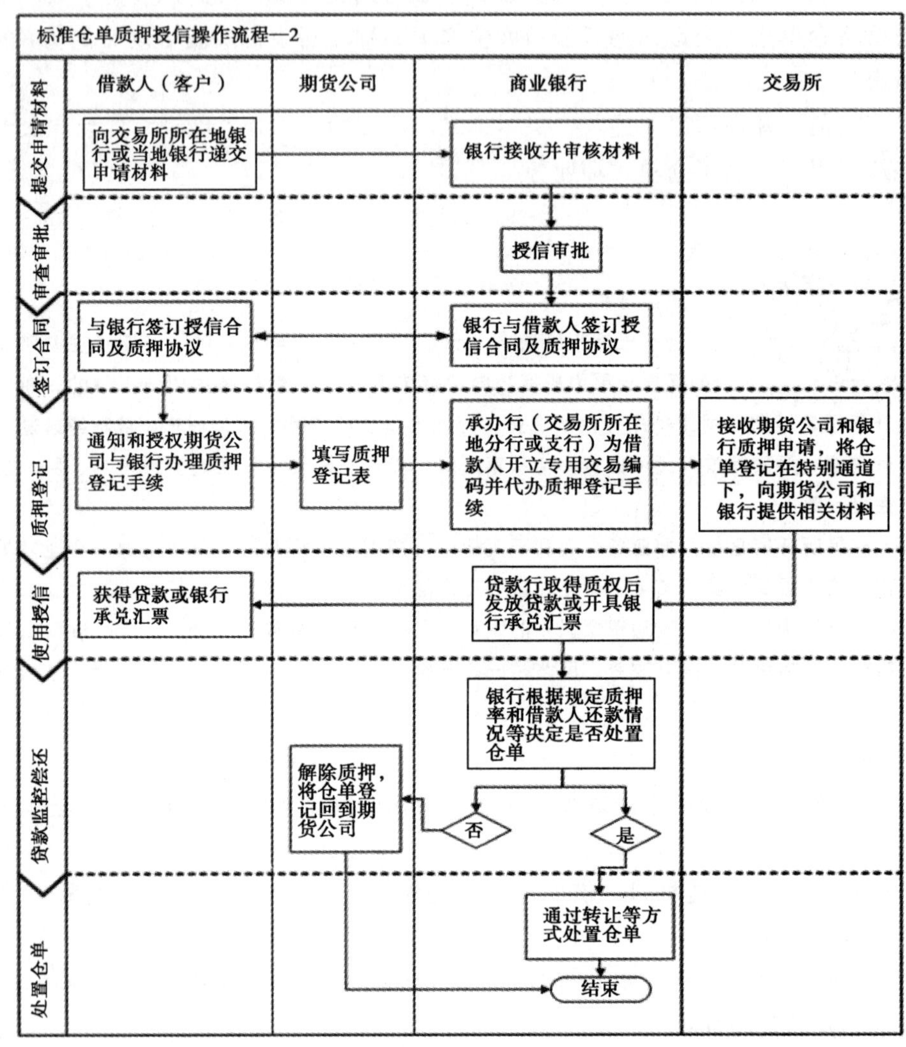

图 10－5　仓单质押流程示意图

①贷款行受理借款人的申请资料，根据借款人财务状况和经营规模进行授信（不参与授信评级），然后在核定的期限和额度内受理单笔仓单质押授信业务；

②贷款行信贷审批部门根据经营部门上报的借款人的授信额度、期限、金额以及借款人提供的拟质押仓单数量等证明文件进行审批；

（3）签订合同。

①对审批同意的授信项目，贷款行通知借款人签订“标准仓单质押授信合同”和“标准仓单质押协议”；

②承办行（交易所所在地指定银行）为借款人在质权登记及质权行使通道下开立专用交易编码；

（4）质押登记。

质押登记承办行与借款人、借款人所在期货经纪公司填写“郑商所标准仓单质押登记表”，承办行填写“标准仓单质押登记业务申请表”，期货公司被授权人与承办行指定专人共同到交易所办理质押登记手续。交易所将标准仓单登记到质权登记及质权行使通道。交易所办理完质押登记手续后，打印“郑州商品交易所标准仓单冻结单”和“仓单持有凭证”给承办银行。

（5）发放贷款。承办行办理完毕质押登记手续后，填写“质押登记确认书”，贷款行凭该确认书确定仓单质押登记已成功，为借款人办理贷款发放手续。

（6）贷款监控、偿还。为防止质押仓单价值下降造成的信贷风险，贷款行要对质押仓单品种的价值变动情况给予关注，当实际质押率超过70%或总行核定的警戒线时，要及时通知借款人采取归还部分借款或追加部分仓单等措施降低信贷风险。

借款人按时归还借款的，承办行与借款人、所在期货公司填写“解除标准仓单质押协议书”、“郑州商品交易所标准仓单质押解除登记表”，共同到交易所将质押的标准仓单解除质押，并根据借款人的要求将仓单登记到原期货经纪公司。

（7）处置仓单。借款人确认要采取仓单转让、交易等方式归还银行借款的，承办行负责协助借款人进行仓单过户。

六、什么是交割结算价？交割结算价与增值税发票有何关系？

期货市场中，了结一笔期货交易的方式有三种：对冲平仓、实物交割和现金交割，相应的也有三种结算方式。棉花期货采用实物交割方式。交割结算价是实物交割商品计价的基础，对不同等级、地点的商品还要加上质量升贴水和异地交割仓库与基准交割仓库的升贴水。棉花期货合约的交割结算价为期货合约配对日前10个交易日（含配对日）交易结算价的算术平均价。实际计算增值税是按结算价计算的。例如，假如CF1105交割结算价为14200元/吨，则开票价格为14200元/吨，交割买方按14200元/吨支付交割货款，交割卖方按14200元/吨（含税价）开增值税发票。

七、怎么计算违约合约数量？

交易所在计算买、卖双方交割违约合约数量时，违约部分应预留合约价值30%的违约金和赔偿金。买、卖双方交割违约合约数量的计算公式为：

卖方交割违约合约数量（手）=［应交标准仓单数量（张）－已交标准仓单数量（张）］×交割单位÷交易单位

买方交割违约合约数量（手）=（应交货款－已交货款）÷（1－30%）÷（交割结算价+包装物单价）÷交易单位

八、发生交割违约情况后，怎么处理？

发生交割违约的，交易所于违约发生当日上午9时30分前通知违约方和对应的守约方。守约方应当在当日上午10时30分以前将终止交割或者继续交割的选择意向书递交交易所。逾期未递交选择意向的，交易所按终止交割处理。构成交割违约的，由违约方支付违约部分合约价值（按交割结算价计算）10%的违约金。违约金支付后，根据违约主体的不同另行处理。

卖方违约的，买方可作如下一项选择：（1）终止交割，交易所退还买方货款；（2）继续交割，交易所在认定卖方违约的下一交易日发布标准仓单征购公告，并在7个交易日内组织征购。征购成功，交易所支付给买方标准仓单；征购失败，卖方支付给买方违约部分（此处指征购失败部分）合约价值10%的赔偿金，交易所退还买方交割货款后终止交割。卖方承担因征购产生的一切经济损失和费用。

买方违约的，卖方可作如下的一项选择：（1）终止交割：交易所退还卖方标准仓单；（2）继续交割：交易所在认定买方违约的下一交易日发布标准仓单竞卖公告，并在7个交易日内组织竞卖。竞卖成功，交易所支付给卖方交割货款；竞卖失败，买方支付给卖方违约部分（此处指竞卖失败部分）合约价值10%的赔偿金，交易所退还卖方标准仓单后终止交割。买方承担因竞卖产生的一切经济损失和费用（征购价格不高于交割结算价的120%，竞卖价格不低于交割结算价的80%）。

买卖双方同时违约的，交易所按终止交割处理，并对双方分别处以违约部分合约价值5%的罚款。

比如，某机构客户张某在棉花某合约上持有20张卖单，交割日被配对，同时在交易所规定时间仅凑齐棉花仓单15张。那么张某属于违约，其需要支付5张棉花仓单的价值30%的违约金和赔偿金。

九、如何进行期转现业务?

期货转现货是指持有同一交割月份合约的多空双方之间达成现货买卖协议后，变期货部位为现货部位的交易。期转现的方法是：达成协议的双方共同向交易所提出申请，获得交易所批准后，分别将各自持仓按双方商定的平仓价格由交易所代为平仓（现货的买方在期货市场须持有多头部位，现货的卖方在期货市场须持有空头部位）。同时，双方按达成的现货买卖协议进行与期货合约标的物种类相同、数量相当的现货交易。

棉花期货合约自上市之日起到该合约倒数第二个交易日期间，均可进行期转现。最后交易日郑商所将不再受理期转现业务。交易流程（见图10－6）。

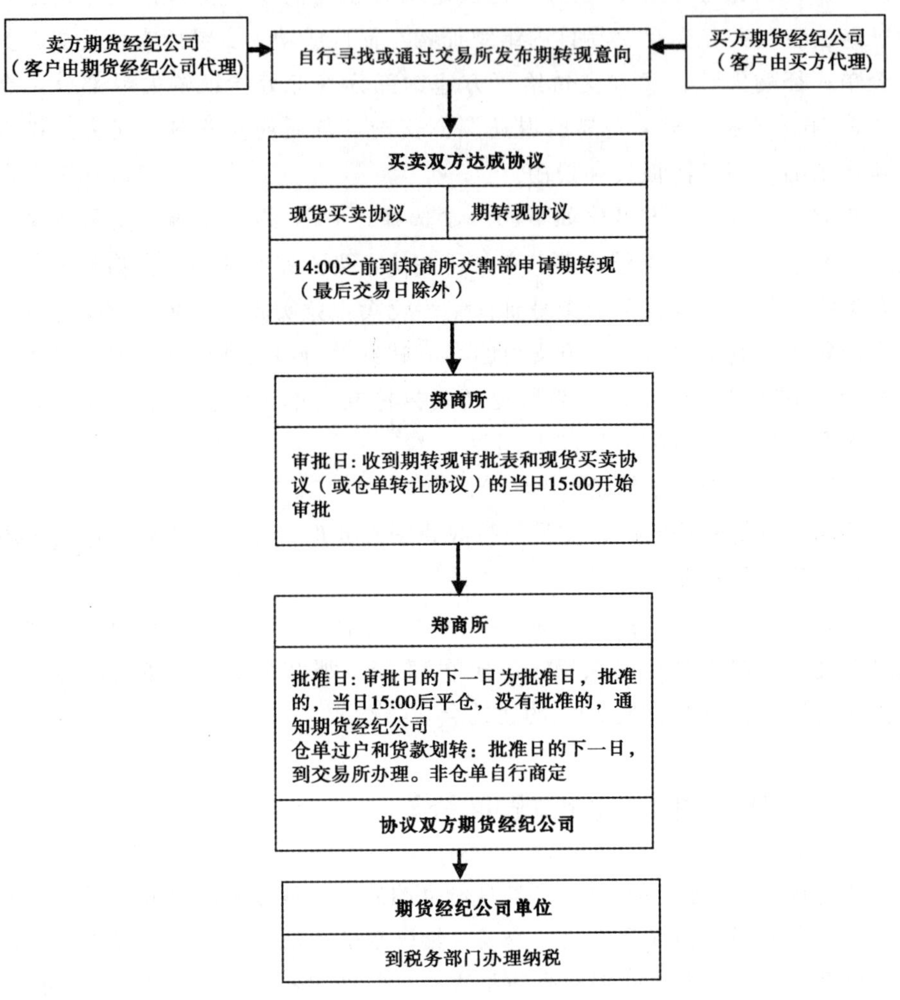

图 10－6　棉花期货转现货流程图

注：一号棉期货合约的最后交易日，交易所不办理一号棉的期转现业务。

（1）持有同一交割月份合约的买卖双方达成协议并按规定填写《期货转现货协议表》后，在每个交易日的 14 时之前到交易所办理期转现审批手续。

（2）交易所批准后，期转现的买卖双方持有的期货头寸，由交易所在批准日的15时之后，按买卖双方达成的平仓价格平仓。买卖双方达成的平仓价格应当在审批日合约价格限制的范围内。

(3) 用标准仓单进行期转现，可由交易所进行货款划转。如买卖双方持有的头寸平仓后，办理标准仓单过户手续时，卖方未能如数交付标准仓单或买方未能如数解付货款的，由交易所按照买卖双方达成的交货价格代扣违约方违约部分20%的违约金支付给守约方。

(4) 用标准仓单以外符合规定的现货进行期转现时，应当提供相关现货买卖协议和拥有货物的合法凭证。

(5) 用标准仓单以外的货物进行期转现，货物交收和货款划转由买卖双方自行协商确定，由此产生的纠纷自行解决，交易所对此不承担责任。

自　测　题

一、填空题

1. 棉花期货合约的交割品是符合《中华人民共和国棉花细绒棉》(GB 1103－2007) 规定的________。

2. 棉花期货合约的交割品马克隆值：A、B、C2级，其中标准等级为________级；C1级不得参与交割。

3. 棉花期货合约的交割品回潮率：单包回潮率不大于10%，采用塑料袋包装的单批单包回潮率不超过9%，若按批计算平均回潮率不超过________。

4. 棉花期货合约的交割品包装：符合《中华人民共和国国家标准棉花包装》(GB6975－2007) 规定的Ⅰ型号棉包________，且须附有检验证书及原码单。

5. ________的表现形式为“棉花标准仓单持有凭证”，其内容包括：期货经纪公司号、期货经纪公司名称、投资者名称、投资者编码、品种、等级、生产年度、类别、标准仓单数量、冻结数量、抵押数量、质押数量等。

6. 按照郑商所规定自然人不能进入交割月，只有________才能进入交割月。

7. 最后交易日后的第一个交易日（即通知日），买卖双方到交易所结算部签领________。

8. 仓单质押指借款人（仓单持有人）以其自有的、经期货交易所注册的标准仓单为质押物向银行申请其正常生产经营周转所需的短期融资（包括各短期信用业务品种）的业务。标准仓单质押贷款期限为________，且不得超过仓单有效期。

9. 棉花期货合约的交割结算价为期货合约配对日前________个交易日（含配对日）交易结算价的算术平均价，实际计算增值税是按结算价计算价差的。

10. ________是指持有同一交割月份合约的多空双方之间达成现货买卖协议后，变期货部位为现货部位的交易。

二、选择题

1. 国标规定：含有相邻品级的一批棉花中，所占比例80%及以上的品级为主体品级。这个规定有以下含义（　　）。

A. 主体品级的棉花要占该批棉花80%及以上

B. 一批棉花中，要有一个品级至少占该批棉花80%及以上的比例。否则，这批棉花无主体品级，质量不符合要求

C. 一批棉花中，不允许有跨主体品级（跨主体品级是指主体品级及其上下相邻品级之外的其他品级）的棉花存在，只允许有相邻品级的棉花

D. 一批棉花中，与主体品级上下相邻品级的棉花所占比例之和不得超过20%

2. 马克隆是英文MICRONAIRE的音译，马克隆值是反映棉花纤维细度与成熟度的综合指标，是棉纤维重要的内在质量指标之一，与棉纤维的使用价值关系密切。下面描述正确的是（　　）。

A. 马克隆值分为A、B、C三级，B级为标准级

B. A级取值范围为3.7～4.2，品质最好

C. B级取值范围为3.5～3.6和4.3～4.9

D. C级取值范围为3.4及以下和5.0及以上，品质最差

3. 国标规定，棉花公定回潮率为（　　），回潮率最高限度为10.5%。具体计算公式为：回潮率＝（湿纤维重量－干纤维重量）/干纤维重量×

100。实际工作中回潮率是用电测器法测定的

A. 10%　　B. 9.5%

C. 9%　　D. 8.5%

4. 含杂率指棉花中含有的如沙土、枝叶、铃壳、软籽表皮等非危害性杂物的比例。国标规定锯齿棉标准含杂率为(　　)。实际工作中一般用原棉杂质分析机测定原棉含杂率。

A. 2.5%　　B. 3%

C. 4%　　D. 5%

5. 如果籽棉2.60元/斤，衣分率是35%，棉籽价格0.68元/斤，不算加工费，折合成皮棉价值(　　)元/吨。

A. 12700　　B. 11800

C. 13200　　D. 14500

6. 棉花的衣分表示籽棉加工成皮棉的比例。正常年份，棉花的衣分为36%~40%，也就是说，100公斤籽棉能够加工出36~40公斤皮棉。衣分高的品种可达(　　)左右，退化的品种衣分只有30%左右，甚至更低。

A. 25%　　B. 35%

C. 45%　　D. 50%

7. 毛重减去包装物重量（皮重）得到净重，净重按标准含杂率扣补后得到实际回潮率下的准重，准重按公定回潮率折算后得到(　　)。

A. 公定重量　　B. 公定毛重

C. 国标质量　　D. 国标重量

8. 一批棉花毛重为20吨，包装物重量为100公斤，经检验，实际含杂率为3%，实际回潮率为10%，则这批棉花公定重量为(　　)。

A. 19.53吨　　B. 20.15吨

C. 21.85吨　　D. 19.27吨

9. (　　)可用于郑州棉花期货交割。

A. 美棉　　B. 新疆棉

C. 澳棉　　D. 印度棉

10. 棉花交割：是指棉花期货合约的买卖双方于合约到期时，根据交易所制订的规则和程序，通过(　　)的所有权转移，将到期未平仓合约进行

了结的行为。

A. 期货保证金　　B. 棉花期货合约
C. 棉花现货　　D. 棉花期货仓单

参考答案

一、填空题

1. 328B 国产锯齿细绒白棉　2. B　3. 8.5%
4. 227 ±10 公斤　5. 棉花标准仓单　6. 法人客户
7. 交割通知单　8. 一年　9. 10
10. 期货转现货

二、选择题

1. ABCD　2. ABCD　3. D　4. A　5. A
6. C　7. A　8. C　9. B　10. D

第十一章 产业政策及其发展前景

【本章要点】

本章主要介绍了我国棉花市场开放后国家的调控政策以及这些政策出台背景和历程。帮助投资者了解我国棉花市场的调控政策，充分理解这些政策出台的背景，过去这些政策对市场产生了哪些影响，了解这些政策是如何组合运用，对投资者研究后期政策对市场的影响具有参考意义。

一、我国棉花流通体制改革过程是怎样的?

棉花流通体制改革，实际上是一个逐步由计划经济走向市场经济的过程。1983 年国发 177 号文件和 1984 年国发 36 号文件，开始了棉花流通体制改革，从此絮棉供应无需凭票。1985 年中共中央 1 号文件，决定棉花实行合同定购制，国家按合同收购棉花。1989 年国发 18 号文件对棉花调拨供应实行了调出调入包干政策，但由于当时市场经济与计划经济难以磨合，合同定购和棉花调出调入包干都没有得到落实。1992 年国发 55 号文件，确定山东、河南、江苏三省为改革试点，但当年棉花年度减产，供应总量有缺口，这一改革措施以混乱的棉花市场形势而被迫宣布停止。1996 年国发 40 号文件，出台了棉花市场交易制度，即以棉花市场交易形式搞活棉花销售环节，保留原有的棉花收购政策，使棉花流通体制改革终于走出了关键的一步。1998 年年底国发 42 号文件，对棉花流通体制进行了全方位的改革，使棉花流通出现了重大转变。2001 年 7 月国发 27 号《国务院关于进一步深化棉花流通体制改革的意见》，是棉花流通体制彻底结束计划经济，走向市场经济的重要标志。

从棉花流通体制改革至今，棉花已从单纯的计划经济一步一步地走向了市场经济，棉花经营渠道逐步拓宽，棉花购销价格放开并基本通过市场形成，国家对棉花市场的宏观调控进一步增强。

从 2001 年 7 月的《国务院关于进一步深化棉花流通体制改革的意见》（国发［2001］27 号）来看，棉花政策是：

1. 在原有放开价格、放开经营的基础上，放开棉花收购，鼓励公平有序竞争，打破棉花经营中的行业垄断和地区封锁，实现多渠道经营和有序竞争。

2. 实行社企分开，加大供销社棉花企业改革力度。在清产核资、界定产权的基础上，将棉花购销、加工企业与供销社彻底分开，供销社各级联社按其出资份额行使出资人代表职能。

3. 实行棉花储备与经营分开，确保储备棉优质安全、经济合理。组建国家储备棉管理公司，实现储备与经营彻底分开。国家储备棉管理公司由中央管理，具体事宜按有关文件规定办理，国家计委对国家储备棉管理公司实行业务指导。全国棉花交易市场进一步完善交易规则，降低交易费用，扩大会员范围，更好地发挥储备调控的载体作用。

4. 加强和改进对棉花市场的宏观调控。综合运用进出口及储备等宏观调控手段，调节棉花供求关系和价格水平，稳定国内棉花市场。加快改革棉花进出口体制，建立和完善棉花进出口贸易管理制度及关税配额管理制度。逐步赋予具备条件的纺织企业、棉花经营企业、外贸流通企业等各类企业棉花进出口经营权。

5. 加强棉花市场管理和质量监督。工商行政管理部门、质量监督部门及其所属纤维质量监督机构根据各自职能分工，加强对棉花购销、加工活动的监督管理。各地不得盲目兴建棉花现货交易市场，进一步完善棉花公证检验制度。

6. 改进棉花信贷资金管理。按照金融体制改革的方向，政策性贷款将逐步退出商品棉经营活动。为保证收购资金供应上的有效衔接和平衡过渡，2001 年度棉花信贷资金继续由农业发展银行按现行办法管理。农业发展银行在确保国家储备棉资金供应的同时，根据企业资质条件、经营情况和信用等级，对商品棉收购资金进行发放和管理，并积极创造条件，为政策性贷款退出商品棉经营领域做好准备。

7. 大力推进棉花产业化经营。实施科技兴棉，发展订单农业，培育棉农合作组织，积极推进产业化经营。

现行棉花流通体制改革的实质是，加强宏观调控，全面放开棉花购销市场；实行社企分开，加强棉花市场管理和质量监督；改进棉花信贷资金管理，实行棉花储备与经营分开；推进棉花产业化经营。

二、我国棉花产业有哪些调控政策？

我国棉花产业的政策取向随着形势的变化在不断调整，总是围绕着产业政策三大取向来调整变化（见图 11 －1）：一是保护棉农利益，保持棉花种植面积的相对稳定；二要保证纺织用棉的需求；三是促进棉花市场的基本稳定、持续健康发展。

图 11 －1　中国棉花产业优惠政策一览

到目前为止，我国棉花产业优惠政策主要有良种补贴政策、农发行棉花收购贷款政策、棉花收储及抛储政策、棉花进口配额政策、新疆出疆移库补贴政策以及纺织品与服装的出口退税政策等（见图 11－1）。

延伸阅读：市场没有放开前，国家采取什么样政策来调控棉价？

1999 年以前，我国棉花市场没有放开，生产和价格都由国家控制，其流通体制及棉花价格的基本特征可概括为：在收购环节实行合同定购，由供销社统一收购；在销售环节，由国家计划分配，供销社统一经营，不放开棉花市场。所以，多年来我国棉花价格不是市场竞争形成的，而是由政府根据国内棉花的供需状况来确定棉价。

这种购销体制及棉花价格形成的最突出的特点是，不能及时适应动态的市场行情，少则一年，多则几年价格不动。当棉花供不应求时，国家往往不能及时提高价格（如 1992、1993 年）；当棉花供过于求时，价格也不能及时下调（如 1996、1997 年）；“卖棉难”与“买棉难”交替出现。供不应求时收购环节抬级抬价，供过于求时压级压价，棉农面临的价格风险较大。

市场没有放开以前，我国棉花价格变化大致可分为以下几个阶段：

第一阶段：1949～1977 年，价格稳定期。国民经济实行高度计划管理，全国棉花统购统销，价格相对稳定在 1800 元/吨上下。

第二阶段：1978～1988 年，调整期。国家先后 8 次调整棉花收购价格，其中 5 次上调，3 次下调，但调整幅度都不大。这也是我国棉花生产发展较快的时期，1984 年棉花产量为 625.8 万吨，为迄今为止棉花产量最高的年份。

第三阶段：1989～1998 年，价格上涨期。国家先后 7 次上调棉花收购价格，仅 1994 年就调整 3 次，累计调价幅度达 130.3%，期间棉花播种面积呈下降趋势。因为国家制定棉花收购价格的主要依据是粮棉比价关系，由于粮食价格长期偏低，导致棉花收购价格也偏低，而种棉花投入多、风险大、劳动强度大、费工费时，不如种植其他经济作物及水果、蔬菜划算，因此农民种棉积极性不高。

三、棉花进口实行什么政策?

2004 年以前，我国对棉花的进口实行比例配额制，即对配额以内的进口棉花征收较低的关税（1% 的关税），配额以外的进口棉花将不享受此项关税优惠。以优惠关税进口棉花配额数量在 2000 ~ 2004 年期间从 74. 3 万吨增至 89. 4 万吨。

从棉花进口的主体看，进口棉花配额的 33% 被分配给国营贸易企业进口，67% 被分配给非国营贸易企业进口。2007 年开始允许外国企业从事全方位的流通服务，享受国民待遇。入世后打破了国营贸易企业的进口垄断地位，形成多元的、多渠道的平等的进口竞争关系。

从 2004 年开始，由于纺织行业发展较快，中国棉花产量无法满足国内消费，所以大量进口棉花弥补国内不足。但考虑到国际棉价较低，同时我国入世后取消农产品的补贴后，与美国、澳大利亚等棉花生产国相比比较效益低，在国际原棉市场中处于不利的竞争地位，所以对关税内配额外进口的一定数量棉花，适用滑准税形式暂定关税。经过市场的不断检验后，滑准税政策也做了较大幅度的调整。

四、国家棉花收储与抛储政策是如何运作的?

棉花收储与抛储政策是国家调控棉花市场供需的重要调控政策之一，根据棉花市场的基本供需状况，通过收储来缓解市场供给过剩的状态，其调控的主要目的是维持棉花市场稳定，保护棉农及涉棉企业的利益，为维护国家农业的安全提供保障。

调控办法视情况而定，一般在棉花价格很低或者是市场上流通的棉花数量众多的时候，考虑到棉农以及棉花加工企业的利益，国家会采取收储政策，从而减少市场上流通的棉花数量，提高棉价；与之相对应的，在棉价高企或是市场上流通的棉花数量紧缺的时候，国家会通过抛储政策的实施来增加市场上的棉花流通数量，使供应较需求偏多进而起到压制高企棉价的作用。

2006年以来，国家先后实施了四次棉花收储政策，在力度方面也是渐强，尤其是2008年，棉花收储的数量超过了年度棉花产量的1/3。

延伸阅读：

2008年3月伴随着贝尔斯登被摩根大通以2.4亿美元低价收购，次贷危机持续加剧震动了华尔街，中国纺织企业在出口受阻、内需不足的状况下生存维艰，国内棉价也从高点一路下滑。为了稳定下滑的棉花市场，支撑阴跌不止的棉花价格，维持棉花企业、纺织企业、棉农的三方利益，国家先后四次发布收储公告。

1. 2008年8月21日开始收储新疆棉15万吨，标准级（328级）每吨按13400元（指新疆库点）和13600元（指内地库点）作为收储的最高到库价格。

第一批收储的特点：（1）突出支持棉花质量检验体制改革。支持棉花质量检验体制改革，经过仪器化公证检验的新疆棉按净重结算，净重结算价格在相应等级棉花公定结算价基础上每吨加400元。（2）收储新疆棉，第一次明确规定收储棉花全部为新体制下的棉花。

效果：由于仪器化公检的条码棉数量不多，市场上新体制棉不多，虽然收储价格大大高于市场价格，但成交并不活跃，导致收储没有改变棉花市场的弱势。此次收储如扔向平静湖面的一颗小石子，市场所起涟漪很小，棉花期价持续下跌趋势。

2. 2008年10月21日国家再次推出新疆棉22万吨的收储计划。

第二批收储的特点：（1）成交率高，仅四天22万吨便全部成交。（2）收储过程中北疆库点成交价明显高于南疆。

效果：收储价格为12600元/吨，仅略高于市场价格，而且收储的数量较少，对市场影响不大。虽然完成了计划的收储数量，但是棉花市场依旧没有停止下行步伐，棉花价格也一再下探，国家扔向棉花湖面的这颗石子仍旧不大。

3. 2008年10月29日国家开始了第三批的国家棉花收储计划，力度再次加强，以12600元/吨的价格收储新疆和内地棉共计100万吨。在如此大收储力度的拉升下，棉价触底反弹，可价格依旧很低。

第三批收储的特点：（1）棉花收储数量大幅提高，相当于中储棉公司以往收储量的总和。（2）价格相当可观。当时棉花价格为 11600 元/吨左右，收储价格比市场价格高出 1000 元/吨，棉花企业利润相当可观。

效果：收储就是为了减少市场上棉花的流通量，以稳定价格。此次收储以来，据各地企业反映，棉花市场开始企稳，棉花价格触底反弹，但是，因为纺织市场的低迷和远景悲观，棉花价格依旧不高。

4. 2008 年 12 月 23 日第三批棉花收储刚结束，国家接着在 24 日继续以 12600 元/吨的价格收储新疆和内地棉 150 万吨。

第四批收储的特点：（1）国家首次制定籽棉最低保护价，严格规范交储操作。（2）棉花收储数量再次提高，150 万吨是史无前例的收储数量。（3）价格依旧是 12600 元/吨，棉花企业利润相当可观。收储持续时间长，一直延续到 2009 年 4 月 10 日。

摘自：金石期货研究所《棉花政策始终贯穿市场运行中》。

五、新疆棉出疆实行什么政策？

2008 年 6 月份财政部印发了《出疆棉移库费用补贴管理暂行办法》（下称《办法》）。该政策主要目的是为帮助解决新疆棉花远离内地销区移库成本较高问题，促进新疆棉花销售，保护新疆发展棉花产业的积极性。该《办法》明确了补贴费用、对象、期限、周期、享受补贴主体以及领取补贴流程等。享受补贴的棉花包括了所有符合国家标准的新疆出疆移库棉花，而且不分品级和长度，补贴费用为 400 元/吨，时限为四年，享受补贴的主体为拥有出疆棉所有权的棉花收购加工企业、棉花经营企业和纺织企业，即出疆棉所有权人（见表 11－1）。

表 11－1　　新疆棉出疆移库补贴政策内容

项目	内　容
费用	400 元/吨
对象	出疆棉（在新疆生产并通过铁路运输移库到内地销区的棉花）
期限	2007 年度至 2010 年度
周期	棉花生产年度（当年 9 月 1 日至次年 8 月 31 日）
主体	出疆棉所有权人（拥有出疆棉所有权的棉花收购加工企业、棉花经营企业和纺织企业）
审核	新疆专员办（财政部驻新疆维吾尔自治区财政监察专员办事处）
拨付	中央财政（中央企业）/地方财政（其他企业）

资料来源：财政部《出疆棉移库费用补贴管理暂行办法》。

在《办法》中，明确了补贴资金的申报、审核和拨付运作流程以及注意的问题。出疆棉所有权人在申报补贴时，需要填写相关表格、单据和凭证等资料，并报送财政部驻新疆维吾尔自治区财政监察专员办事处（以下简称新疆专员办）审核。对于隶属一个集团公司的出疆棉所有权人的，出疆棉移库出疆费用补贴，由总公司汇总后统一申报。

财政部收到新疆专员办报送的出疆棉移库费用补贴审核文件后，核拨补贴款。中央企业出疆棉移库费用补贴由中央财政直接拨付；其他企业由中央财政通过地方财政转拨，地方财政收到中央财政拨付的补贴资金后，在 15 个工作日内如数转拨到出疆棉所有权企业，并接受财政部驻当地财政监察专员办事处的监督。

新疆棉出疆移库补贴，表面看是补贴给新疆棉中间商了，实际上获得补贴的还有纺织企业和棉农（图 11－2）。因为有运输补贴，所以中间商在收购籽棉时可以适当调高价格，抵消部分补贴，并将之补贴给棉农，保护了棉农植棉的积极性；在销售给纺织企业时，则可以适度降低棉花价格将部分补贴给纺织企业，这也是降级滑准税之后的另一个扶持政策。如果纺织企业直接在新疆采购并运输到内地，纺织企业可以适当调高采购价格，让出部分补贴，也算是降低纺织企业采购成本了。这样一来，就形成了棉花产业链补贴分享机制，让棉花的各个环节来共同分享这部分补贴。

新疆棉出疆移库补贴政策影响深远，其补贴费用在棉花产业链上进行再

图 11－2　出疆棉移库补贴产业链分享机制

次分配，让棉农和纺织厂都享受到补贴，但其对内地棉和进口棉价格影响呈现利空。这样一来，纺织企业也将获得价格稍低的新疆棉，并促使新疆棉稳定甚至扩大棉花种植面积，保护棉农积极性。其实行时限较长，所以将在未来较长时期内对市场产生重大而又深远的影响。

六、农发行棉花收购贷款实行什么政策？

棉花市场放开之后，农发行在棉花产业链条中，担负着通过信贷政策，做好这一关系国计民生的农产品年度收购的重要职责。2007 年农发行总行制定了新的《中国农业发展银行棉花收购贷款办法》，把棉花收购贷款列为“准政策性贷款”进行管理。所谓准政策性贷款，就是既要求其具有政策性贷款的刚性需求，又具有商业性贷款自担风险的特征。

这给棉花收购贷款带来双重影响：

一方面，贷款要积极支持棉花收购，确保不因收购资金供应问题而出现区域性农民“卖棉难”，这仍是现阶段农发行的基本职能。这一职责，决定了棉花收购信贷具有很强的政策性，要以执行国家宏观调控政策、保护农民利益、确保收购不出问题为前提。

另一方面，棉花收购贷款的商业性并未因此减弱。自棉花市场放开以来，各种类型的收购企业自主经营、自负盈亏，完全实行市场运作，国家对于企业的经营亏损没有任何风险补偿，由此带来的贷款风险也要由农发行自行承担。

农发行成立以来，棉花信贷先后经历了三个阶段：

一是 1999 年以前的政策性贷款阶段；

二是 1999～2006 年的商品棉收购贷款商业化管理阶段；

三是从 2007 年起，农发行将支持企业自主收购的棉花收购贷款纳入准政策性贷款业务进行管理。

比如，2006 年新棉收购在即，农发行总行出台棉花收购贷款政策，继续实行棉花收购贷款上限控制，每担标准级皮棉（328）收购贷款基准暂定为 500 元/担（新疆 480 元/担），允许最高上浮 50 元/担，下浮不限，最高贷款额不得突破 550 元/担（新疆 530 元/担）。同时，为有效防控信贷风险，设定了棉花收购价格警戒线。对于企业超过棉花收购价格警戒线收购棉花的，停止发放贷款。

七、什么是纺织品服装出口配额?

配额就是进口国为了保护自己国家的产品不受进口商品的影响而采取的一些保护措施，也可以称为贸易壁垒。纺织品、服装也不例外，所以就有了纺织品与服装出口的配额。

出口配额可以分为“自动”出口配额（被动配额）和主动配额。其中“自动”出口配额是指出口国家或地区在进口国家的要求或压力下，“自动”规定某一时期内（一般为 3 年）某些商品对该国出口的限制额。在限制的配额内自行控制出口，超过限制额即不准出口。从实质上讲这是不得不实行的被动配额。主动配额是指出口国家或地区根据境内外市场上的容量和其他一些情况而对部分出口商品实行的配额出口。但是配额制度保护国内产业是以限制国际贸易为代价的，因此长期遭到贸易自由主义倡导者的坚决反对。

从 1947 年关贸总协定开始，世界贸易组织各缔约方/成员为了减少和消除配额制度作出了巨大的努力。在每一轮谈判或者每一个新的国家（地区）缔结或加入时，相关国家（地区）几乎都被要求大幅减少或取消配额。

1986年乌拉圭回合谈判将纺织品贸易列入谈判议程，最后达成逐步废止《多种纤维协定》（MFT），将纺织品与服装贸易纳入关贸总协定体系的纺织品与服装协议（ATC）规定。根据该协议第2条第6款、第8款规定，在1995年1月1日至2004年12月31日的过渡期内，进口方将分三个阶段逐步取消所有数量限制，最终实现纺织品贸易自由化。即从2005年起，纺织业迎来“无配额时代”。但是欧美利用我国加入世界贸易组织议定书中的相关条款，根据特定产品过渡性保障机制对我国纺织品出口设限，于是我国部分纺织品服装配额机制又重新启动。

总的来看纺织品与服装出口的配额对一国纺织品、服装出口的增长具有两面性：一方面纺织品配额对纺织品出口的增长起了促进作用，当一国纺织品行业的劳动力成本低，产品竞争力较强，在没有配额的情况下，其纺织品和服装出口可以更快地增长；反之，则受到了限制。

延伸阅读：中欧纺织贸易前景明朗　棉花期货获长期利好

中国政府和欧盟于11日凌晨就纺织品贸易问题达成协议，双方签署了《中华人民共和国与欧盟委员会关于中国部分输欧纺织品备忘录》，这对郑州期棉市场无疑是一个利好消息。

按照备忘录，欧盟承诺终止对源自中国的棉布、T恤衫、套头衫、裤子、女式衬衫、床单、女连衣裙、胸衣、桌布、亚麻纱等十类纺织品的调查，并同意2005年6月11日至2007年年底的3年时间为过渡期，2008年欧盟市场对中国纺织品全面开放，并在此期间克制使用242条款。

以上协议内容的达成为中欧纺织企业进行调整争取了时间，明朗了中欧纺织贸易前景，为中国纺织品企业的生存和发展创造了稳定的出口环境，中国纺织企业在欧盟订单面前不再犹豫。

另外，中欧之间达成纺织品贸易协议是将中国入世报告书第242段条款的内容具体化，使其更具可操作性和可行性，双方一致同意，对今后纺织品贸易中出现的问题，将通过磋商予以解决，这样就避免单方面采取行动解决问题。对外经贸大学中国世贸组织研究院院长张汉林教授表示，这次争端的妥善解决，不仅意味着双方纺织品贸易摩擦得到了缓和，而且有利于中国今后在类似情况下同其他贸易伙伴解决贸易争端，具有一定的参照作用，有助于树立良好的贸易争端解决机制。这从而也为解决中美之间的纺织贸易争端提供了一定的参照作用，同时也对美国形成了压力。相信在中欧就纺织品问题达成一致成果的影响和推动下，中美在纺织贸易领域的磋商也将会在近期取得一定的进展，使得美国对中国纺织品进口以“特保”为筹码威迫中国人民币升值的企图破灭。

而欧盟承诺的对十大敏感产品确定增长基数，并按照每年8%至12.5%的增幅确定中国对欧出口数量，这一做法是希望中国提高纺织行业自律，调整纺织品出口结构，以“自限”来代替“他限”，从而控制出口数量。虽然十类纺织品出口数量增长率仅为8%至12.5%，幅度十分有限，但政府已经付出最大的努力，并最大限度地保障了我国纺织企业的利益，为中国和欧盟相关企业创造了积极、稳定、可预见的贸易环境，促进了中国纺织品对欧出口的有序增长。同时，也稳定了纺织市场和棉花市场，避免了价格的大幅波动，避免了对棉花供求关系的冲击。

摘自：董淑志《中欧纺织贸易前景明朗　棉花期货获长期利好》

八、什么是纺织品与服装出口退税?

出口货物退（免）税，简称出口退税，其基本含义是指对出口货物退还其在国内生产和流通环节实际缴纳的产品税、增值税、营业税和特别消费税。出口货物退税制度，是一个国家税收的重要组成部分。

出口退税主要是通过退还出口货物的国内已纳税款来平衡国内产品的税收负担，使本国产品以不含税成本进入国际市场，与国外产品在同等条件下进行竞争，从而增强竞争能力，扩大出口创汇。

1985年3月，国务院正式颁发了《关于批转财政部〈关于对进出口产品征、退产品税或增值税的规定〉的通知》，规定从1985年4月1日起实行对出口产品退税政策。1994年1月1日起，随着国家税制的改革，我国改革了已有退还产品税、增值税、消费税的出口退税管理办法，建立了以新的增值税、消费税制度为基础的出口货物退（免）税制度。

纺织服装行业作为我国传统支柱产业，在国际贸易中占据重要份额，见证了我国出口退税产生、发展的整个过程。以1985年出口退税元年开始到2009年，历经25年，完整经历了中国出口退税的变革和调整，其中纺织品出口退税政策13次变化，每次变化都跟当时经济环境和宏观经济政策有着巨大的关系。

延伸阅读：我国纺织品服装出口退税政策调整发展历程

1985年3月，国务院正式发布通知，规定从1985年4月1日起对出口产品实行退税政策；

1995年7月，国家将纺织品服装出口退税率从13%下调至10%；

1996年12月，国家将纺织品服装出口退税率从10%下调至6%；

1998年1月，国家将纺织品服装出口退税率重新上调至11%；

1999年1月，国家将纺织品服装出口退税率由11%上调至13%；

1999年7月，国家将纺织品出口退税率由13%上调至15%；将服装退税率从13%上调至17%；

2001年7月1日起，国家将棉纱、棉布、棉制产品出口退税率由15%上调至17%；

2003年10月13日，财政部、国家税务总局发出通知，规定从2004年1月1日起，纺织品、服装出口退税率由15%、17%下调至13%。同时，出口退税改为由中央地方共同负担，即超基数部分应退税额由中央和地方按75:25的比例共同负担；

2006年9月14日，财政部、国家发展改革委员会、商务部、海关总署、国家税务总局5部委联合通知，2006年9月15日起将纺织品出口退税率由13%下调至11%；

2007年6月19日，财政部、国家税务总局通知规定从2007年7月1日起，将服装出口退税由13%下调至11%；

2008 年 7 月 31 日财政部、国家税务总局下发通知，决定将部分纺织品、服装的出口退税率由 11% 提高到 13%，新政策自 2008 年 8 月 1 日起执行；

2009 年 2 月 5 日中国财政部、国家税务总局近日发布《关于提高纺织品、服装出口退税率的通知》，明确从 2009 年 2 月 1 日起将纺织品、服装出口退税率由 14% 提高到 15%；

2009 年 3 月 27 日财政部、国家税务总局发布通知，明确从 2009 年 4 月 1 日起提高纺织品、服装、轻工、电子信息、钢铁、有色金属、石化等商品的出口退税率，其中纺织品、服装的出口退税率提高到 16%。

九、国家棉花产业调控组合政策是如何运行的？

经过几年探索和实践，国家棉花产业调控已经形成了农发行贷款、国家收抛储、进口滑准税、进口配额等在内一整套的调控策略组合（见图 11 -3），能够有效的保护棉农的利益、稳定市场。在供给紧张、棉价大幅上涨时，为了能够控制风险，农发行贷款降低籽棉收购价格上限或者只发部分贷款，国家储备棉抛售，甚至调低滑准税，增发进口配额；相反，供给过剩，棉价下跌时，国家调高农发行贷款上限，国家收储棉花，或者上调滑准税，并减少或者不发进口配额（见图 11 -3）。

【案例 11 -1——棉花市场调控对棉花价格的影响】

2008 年全球遭遇金融风暴引发的经济危机，中国纺织品服装出口遭受重创，棉花消费萎缩，而产量却为历年最高，供给过剩。2009 年国家分三批收购 272 万吨棉花入储。

随着经济好转，消费回暖，价格疯涨，国家再度分三次抛售 260 万吨储备棉，另外增发 40 万吨棉花稳定市场，缓解供给紧张局势。即便这样，也没有阻碍棉价疯狂上涨，主要原因是新棉上市并不顺利，没有成功接替旧棉补给市场。2009 年国家棉花储备还有 150 万吨，尽管对市场供给也将产生

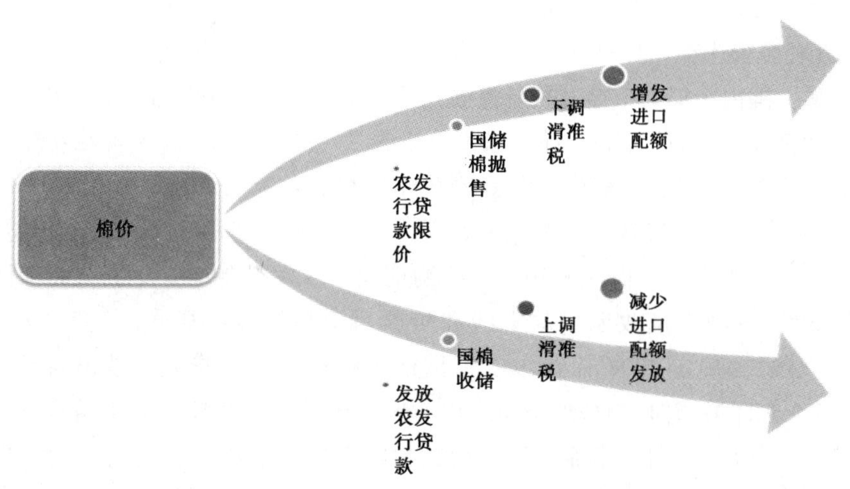

图 11－3　国家棉花市场调控策略组合

一定调节预期影响力，但是我们认为供需没有出现危机之前，国家在 2009 年不会轻易再抛储，即使抛储也不会超过 50 万吨的上限。如果国家储备抛售超出这个量，市场供给预期将会产生重大危机，不利于市场调控（见图11－4）。

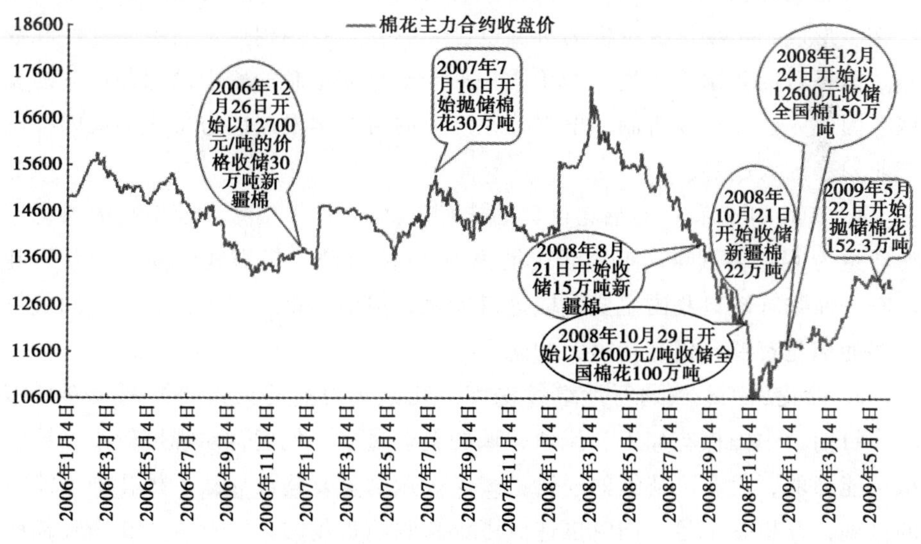

图 11－4　2006～2009 年相关调控政策对棉花价格影响的走势图

由于消费回暖超出预期，并考虑到国家在2008年收储了272万吨以及140万吨陈棉库存，2009年国家只增发了40万吨加工贸易配额。进口配额较少，加上国内新棉上市推迟和新疆棉入关困难，导致了国内棉花供给紧张。

而2008年收购开始之前，农发行下发了《关于做好2008棉花年度收购信贷工作的意见》和《关于做好2008年度棉花收购贷款资格认定工作的通知》，共认定收购贷款资格企业935家，其中民营企业占比84%，国有企业占比6%，供销社企业占比10%。收购期间，农发行制定下发了《关于认真执行2008棉花年度收购贷款上线和贷款风险控制线的通知》，变“双限”为“双线”，确定2008棉花年度每担标准级皮棉收购贷款上线基准为500元/担，允许最高向上浮动50元/担，下浮不限，最高贷款额不得突破560元/担。同时，根据中国棉花价格指数扣除合理的费用和利润后，设定贷款风险控制线。

十、国内棉花产业呈现出怎样的发展趋势?

我国加入世贸组织以来，棉花市场化改革成功，多元化结构的市场格局已逐步形成，市场形成价格的机制也已经建立，我国棉业正在走向理性和成熟。但是目前我国棉花最大的矛盾——产不足需也制约着中国棉花产业的发展。因此，建立长效机制、增强棉花产业的可持续发展能力将成为我国棉花产业发展的大趋势。

1. 2010年，我国对棉花进口的依存度达到50%左右。近年我国棉花年均产量为680多万吨，年均消费量为1000多万吨，供需缺口高达300万吨左右，而弥补缺口我国主要采取进口措施，但国际市场能否长久为中国提供足够的棉花资源，仍存在很大的隐患。

2. 棉花加工、流通行业继续洗牌，几家实力强的大棉商控制大部分市场。目前，中国棉花加工和流通领域的企业过多，他们普遍规模较小，风险抵抗能力弱，没有可持续的经营模式，大量的重复建设导致了棉花加工能力的过剩，开机率不足，同时也造成了棉花收购市场的无序竞争。在国际棉商的成熟、先进的运作模式冲击下，大量弱小的中国棉花加工企业将面临淘汰和整合，个别能幸存下来的棉商也将凭借摸索出来的成功经验快速做大做强。到了最后，除了新疆棉外，内地棉市场一盘散沙终将演变成国际棉商、国内少数大棉商诸侯争霸的局面。

3. 国际大棉商在中国取得棉花经营权。在国内拥有不少棉花专业人才，还有相当数量的代理商，加上资金、经验、信誉等方面的优势，正在谋求控制国内更大的市场份额。

4. 纺织行业发展峰回路转、结构升级，棉花消费增速将放缓。在人民币持续升值、劳工成本和资金运营成本不断上升等内忧外患因素的影响下，中国纺织行业的发展已经达到了顶峰。

5. 为提高抗风险能力和核心竞争力，涉棉企业产业化运作将成为趋势。由于棉花加工、流通甚至棉花消费企业都面临着巨大的竞争压力，行业利润空间也越来越薄，而风险却越来越大。为了做大做强企业，就必须提高企业的盈利能力、竞争能力和抗风险能力，棉花产业化经营就成了首选，并成为未来发展的趋势。棉花产业化经营策略主要分为三种，即由产业链上游往下游延伸、中间往两头延伸、下游往上游延伸。

6. 期现结合、避险保值将成为涉棉企业做大做强不可或缺的常规经营策略。期货市场具有发现价格和套期保值的功能。在上百年的国际棉花期货和现货市场中，国际棉商利用期货市场来规避风险和用期现结合的经营策略将企业做大做强都是成功的案例。2004 年中国棉花期货在郑商所挂牌交易标志着棉花市场体系走向完善和成熟，构建了现货市场和资本市场的桥梁，通过期现结合和保值避险，为中国涉棉企业规模化运营提供了平台和环境。目前，大规模利用这一平台的国内棉花企业还是少数。而国际棉商则已经大胆试水中国棉花期货市场，并借鉴其国际市场的运作模式在中国成功复制，取得了显著的成绩。所以涉棉企业做大做强必须学会借助和灵活利用期货市场，这也是未来一个大的趋势。

针对以上六点，从长计议我国棉纺织业应立足国内棉花市场，大致维持 2/3 国内、1/3 进口的格局，才能确保产业的可持续发展，才能在国际市场拥有话语权。同时也有利于规避棉花市场价格的大起大落，稳定棉农收益。所以要树立忧患意识，尽快建立促进棉花产业发展的长效机制。

自 测 题

一、填空题

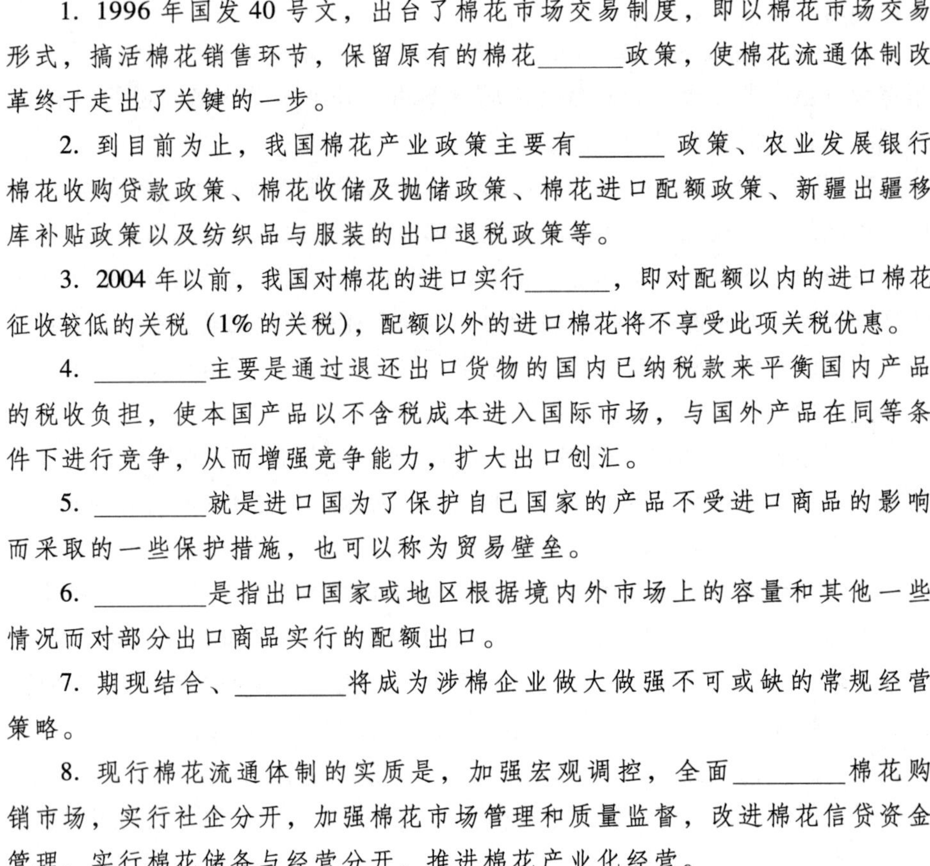

1. 1996年国发40号文，出台了棉花市场交易制度，即以棉花市场交易形式，搞活棉花销售环节，保留原有的棉花_______政策，使棉花流通体制改革终于走出了关键的一步。

2. 到目前为止，我国棉花产业政策主要有_______政策、农业发展银行棉花收购贷款政策、棉花收储及抛储政策、棉花进口配额政策、新疆出疆移库补贴政策以及纺织品与服装的出口退税政策等。

3. 2004年以前，我国对棉花的进口实行_______，即对配额以内的进口棉花征收较低的关税（1%的关税），配额以外的进口棉花将不享受此项关税优惠。

4. _________主要是通过退还出口货物的国内已纳税款来平衡国内产品的税收负担，使本国产品以不含税成本进入国际市场，与国外产品在同等条件下进行竞争，从而增强竞争能力，扩大出口创汇。

5. _________就是进口国为了保护自己国家的产品不受进口商品的影响而采取的一些保护措施，也可以称为贸易壁垒。

6. _________是指出口国家或地区根据境内外市场上的容量和其他一些情况而对部分出口商品实行的配额出口。

7. 期现结合、_________将成为涉棉企业做大做强不可或缺的常规经营策略。

8. 现行棉花流通体制的实质是，加强宏观调控，全面_________棉花购销市场，实行社企分开，加强棉花市场管理和质量监督，改进棉花信贷资金管理，实行棉花储备与经营分开，推进棉花产业化经营。

二、选择题

1. 经过几年探索和实践，国家棉花产业调控已经形成了（　　）等在内一整套的调控策略组合，能够有效的保护棉农的利益，稳定市场。

A. 农发行贷款　　B. 国家收抛储

C. 进口滑准税　　D. 进口配额

2. 出口货物退、免税简称出口退税，其基本含义是指对出口货物退还其在国内生产和流通环节实际缴纳的(　　)。

A. 产品税　　B. 增值税

C. 营业税　　D. 特别消费税

3. 棉花(　　)政策是国家调控棉花市场供需的重要调控政策之一，根据棉花市场的基本供需状况，通过收储来缓解市场供给过剩的状态，其调控的主要目的是维持棉花市场稳定，保护棉农及涉棉企业的利益，为维护国家农业的安全提供保障。

A. 关税　　B. 收储

C. 抛储　　D. 配额

4. 2009 年 3 月 27 日财政部、国家税务总局发布通知，明确从 2009 年 4 月 1 日起提高纺织品、服装、轻工、电子信息、钢铁、有色金属、石化等商品的出口退税率，其中，纺织品、服装的出口退税率提高到(　　)。

A. 17%　　B. 18%

C. 19%　　D. 16%

5. 我国棉花产业的政策取向随着形势的变化在不断调整，总是围绕着产业政策三大取向来调整变化，首先是保护(　　)利益，保持棉花种植面积的相对稳定；二要保证纺织用棉的需求；三是促进棉花市场的基本稳定、持续健康发展。

A. 贸易商　　B. 纺织企业

C. 棉农　　D. 政府

参考答案

一、填空题

1. 收购　　2. 良种补贴　　3. 比例配额制　　4. 出口退税

5. 配额　　6. 主动配额　　7. 避险保值　　8. 放开

二、选择题

1. ABCD　　2. ABCD　　3. BC　　4. D　　5. C

附录

银丰“公司＋合作社＋期货”模式[①]

棉花期货推出以后，如何利用期货管理棉花价格风险就成为了棉花企业不断探索的新问题。其中，银丰集团所创设的银丰模式就是其中典型案例。所谓银丰模式具体是指，银丰集团借助“公司＋合作社＋期货”的模式，积极进行棉花套利和套保交易。

银丰集团是湖北省棉花行业的龙头企业，该集团是由湖北省供销社下属的原湖北省棉花公司改制而成的综合性企业集团，集团下属企业主要包括以贸易为主的银丰股份有限公司、银丰纺织有限公司、银丰物流有限公司等。自棉花期货上市以来，银丰集团从事棉花期货套保、套利交易实现了企业的稳健经营，并通过不同的方式“反哺”棉农，服务“三农”。

（一）银丰模式形成的背景及意义

棉花流通体制改革以后，我国棉花经营逐步进入“微利时代”，要取得更好的经济效益，就必须开展规模化经营取得“规模效应”，而规模化经营常常意味着市场风险的放大。因为我国棉花加工能力大大高于棉花的产量，在收购季节“僧多粥少”的状况导致涉棉企业在市场上抢购棉花，企业在“抢”来棉花的同时也“抢”来了风险。假如未来市场价格出现下跌，企业将蒙受损失。棉花行业出现了不“抢”货源，企业等“死”，赌一把去“抢”，可能会被行情呛“死”的局面。在没有棉花期货的时候，一家棉花

① 选自郑州商品交易所《棉花市场运行报告》。

企业“今天赚两千万，明天亏两千万”不足为奇。

2003/2004年度棉花现货市场的“过山车”行情使银丰集团在棉花贸易上亏损数千万元，现货经营中存在的风险给企业领导留下了深刻的教训和印象。从此，公司一班人对如何化解现货经营风险开始了不懈的探索。当他们得知郑商所将于2004年6月1日推出棉花期货时，就立即决定邀请郑商所的棉花期货专家，对集团中层以上干部进行套期保值知识的培训，并挑选优秀人才去美国进行考察。通过培训学习和考察，坚定了他们参与期货套期保值交易的信心和决心。从2004年开始，银丰公司稳步参与期货市场的套期保值交易，2005年集团成立了期货部。

2007年以前，银丰集团期货部和现货部是分开的，期、现货市场的业务存在脱节。随着对期货市场认识的深入，银丰集团决定进一步完善机制，将期货部和现货部合并成市场部，统一负责期现货经营，在经营模式上完成了现货与期货的真正对接。

通过这种模式和运行机制，公司的经营活动由“被动”变得越来越主动，公司由过去的“抢”棉花、“赌”市场，到现在通过“订单”稳货源，利用期货“锁”风险和利润。公司有了发展的“资本”，就放开了经营手脚，大胆地在湖北省和新疆建立了棉花收购基地，通过在期货市场上套保后，别人不敢收购，银丰敢于放心大胆地收购，不断扩大经营规模。如今的银丰集团已超越了传统意义上“一买一卖”的棉花企业，从昔日的“棉贩”正转变成为灵活运用衍生品工具的现代“棉商”。

（二）银丰模式的具体构架和运作

1. 银丰模式的具体构架。为了掌握稳定优质的棉花资源，银丰集团向农村“渗透”，通过“企业+合作社+棉农”的模式构建货源网络，2005年后该模式有了实质性发展，银丰先后在省内外建立了24个棉花收购加工基地，兴建了多个大型收购加工厂。围绕收购基地，采取订单收购、让利、返利等利益联结方式，在黄梅小池、沙洋李市、京山公益、仙桃红阳和潜江金城等地，创办了10多个银丰棉花专业合作社。2008年3月，银丰公司还率先成立了全国首家省级棉花专业合作社联合社，与省内7个县市的163个村建立了棉花生产订单合同，覆盖植棉面积58万亩，带动农户53000户，与棉农结成了“互惠双赢，共同发展”的新型合作关系。

产前，合作社与棉农签订订单，让棉农放心种棉，并承诺无论市场如何变化，订单内生产的棉花都按订单价全额收购。

产中，合作社为棉农提供市场信息、生产技术和物资供应服务，帮助棉农科学种棉、种好棉。具体包括：

一是利用广播、社员大会、村组干部会议、订阅报刊等形式介绍棉花流通政策、棉花市场行情和种植信息等。让他们能及时了解各地棉花动态资讯，同时还紧盯郑商所棉花期货行情，召开棉农代表会议和社员大会，为社员分析市场走势，使他们了解市场、参与市场、把握市场。

二是聘请专家传授植棉技术，组织棉农学习植棉技术，为棉农提供生产技术指导。仙桃银丰红阳棉花专业合作社多次聘请仙桃市农业技术推广中心的研究人员到田间为社员讲解棉花早衰的成因及对策、棉花两萎病的预防等植棉知识，还免费为社员发放3000多份病虫害预防知识手册。黄梅银丰石流港棉花专业合作社每年为棉农举办3次植棉技术培训班，学习科学施肥、防虫治病和棉花“四分”的技能，还派代表参加全国合作社交流会议，带回最新棉花种植技术，这些生产技术普及活动深受棉农的欢迎。

三是积极组织物资和资金供应服务，降低生产成本，解决棉农资金短缺的后顾之忧。仙桃银丰红阳棉花专业合作社为植棉大户和困难户送化肥2.8吨。黄梅银丰石流港棉花专业合作社与江西彭泽良种公司合作，把优良的隆杂一号棉种送到棉农手中，该品种籽棉产量在每亩600斤以上，籽棉衣分率在43%以上，收购价格每公斤高于同级其他品种0.10元，全社一年增产30000多公斤，增收6万元；与中化化肥公司联结，以每吨低于二级批发站50元的价格把优质化肥送到棉农家中；为社员代垫生产资金60万元，共节省利息3万元，解决了社员生产中的资金难题。

产后，合作社加强质量控制和提供各类售棉服务。以往棉农使用低成本的纤维编织袋装收获的籽棉，装好后简单地堆放在自家院里，使很多纤维、毛发等“三丝”混入籽棉，直接影响到了产出皮棉的品质。现在，合作社提前把棉包、棉袋和棉帽等送到棉农家中，指导棉农做好棉花“四分”（分摘、分晒、分存、分售）工作，并组织专人专车为棉农灌包、装车，解决棉农售棉费时费力的问题。

在如何确定收购价格方面，银丰集团根据期货价格，结合2004年度和当年棉花市场的行情，由集团统一制定略高于其他市场主体的收购价，当收购价确定后，各个轧花厂生产的符合“期货棉”交割标准的棉花成本就基本固定了。过去，轧花厂既负责收购籽棉，还负责生产皮棉和销售，现在棉花销售由集团的股份公司统一负责，集团对各个轧花厂只考核商品回收率、符合标准仓单率、盈亏率、成本率四个指标。

轧花厂在收购季节里每天向股份公司报送收购的数量和加工量，市场部根据收购量和期货盘面价格，在基差合理的情况下，寻找合适价位进行卖期保值操作。但是，收购季节常常也是棉价较低的时候，如果期货价格对现货价格贴水，甚至低于棉花仓单成本价格时，公司会通知轧花厂放慢收购进度，然后公司在期货盘上做买期保值，并准备资金进行交割，在现货市场上销售。通过这种灵活的操作方式，确保了公司的稳步发展，也保护了棉农的利益。

集团根据公司每年的盈利水平，还对棉农进行二次返利。2007年度，京山棉花合作社每公斤按0.12元，与35户社员实行二次结算近8000元，户均返利229元，最高的一户为667元。石流港棉花专业合作社和仙桃红阳棉花专业合作社按0.06元/公斤直接向农民返利，仅此一项，这两家合作社的棉农就分别增收9万元和4万元。

2. 银丰模式的具体运作。有了稳定优质的棉花资源，企业还要低风险地将棉花销售出去，才能确保实现盈利。银丰集团结合自身情况，充分利用期货平台，经过四年的探索，在期现结合、套期保值上打造出两种主要盈利方式。

第一种盈利方式是期现套利、仓单交割方式。

当期货的价格相对现货较高时，根据生产成本卖出套保合约，公司将从农民手中收购的棉花现货按郑商所的棉花交割标准加工成“期货棉”并注册成仓单，直接交售仓单获利。卖出期现套利量从2005年度的2000吨上升到2007年度的8000吨，通过这一模式有效规避了现货价格风险。

集团下属京山银丰棉业有限公司，2005年成立之初由于规模小、抗风险能力薄弱、周边收购厂多等原因，公司连续两年出现经营亏损。为扭转经营局面，提高风险防范能力和盈利水平，京山银丰公司开始探索期现结合的经营方式，将收购的棉花加工并转化成仓单进行期现套利，套利量从2006年度的1000多吨上升到2007年度的4500吨。通过期货平台，京山银丰公司不仅经营规模不断扩大，从2006年的2000吨上升到2007年的近万吨，而且平均每吨棉花可增加利润1000元左右，仅此一项2007年公司就增加盈利450万元，顺利实现了扭亏为盈。

同时，银丰公司结合每年现货贸易的实际情况，现货资源短缺或者期货价格对现货价格贴水时，在期货市场上做买期保值，并视现货情况进行实物交割，在交割时，提出现货客户需要、自己短缺的期货棉品种。例如，有的纺织厂需要新疆棉，但是公司可能只有内地棉；有的纺织企业需要四级棉，但是公司只有三级棉。2007年买进交割量达20000吨。通过利用期货市场购买所缺的棉花品种或等级，弥补公司品种结构的不合理，拓宽了现货经营渠道，增强了企业竞争力。

第二种盈利模式是基差交易方式。

例如，银丰股份公司2008年2月底至3月初发现0807合约与现货的基差近2500点。在迅速分析未来国内棉花产业形势后，期货部提出利用当前的基差水平在CF0807合约上进行大胆的全额套保。

公司在基差平均2500点大量建仓，当时现货成本在13700元/吨。到后来基差逐步缩小，大约在基差为1000点时，公司在销售现货的同时将期货空头平仓，现货平均每吨亏损500元，期货平均每吨赚取1500元。这样每吨棉花可以赚取1000元/吨的基差利润，从而使得银丰公司在其他大多数棉花企业亏损的情况下，还能保持盈利。

2007年，银丰集团参与郑棉期货成交量达10万余手，合50多万吨，成交量在全国涉棉企业中位居前列，是其棉花现货经营量的2.5倍，其中套保量约10万吨，其余40万吨为套利交易。现货棉花经营量从2005年的10.82万吨上升到2007年度的20多万吨，增长84.8%，占全省棉花产量的44%。在棉花期现货结合经营的带动下，2007年企业净利润增长42.5%。

3. 银丰模式的风控机制。为杜绝期货投机行为，银丰集团实现了决策和执行分开、资金和操作分离。期货交易由公司成立的期货交易决策委员会成员共同决策，即使是集团总经理和董事长也不能“独断专行”。公司还设立了期货交易执行委员会，根据决策委员会的决策进行具体技术操作，并定期作出执行情况报告，上报集团审阅。每个月公司集中对前期的决策和执行情况进行检测和评价。当现货经营有风险、压力的时候，及时通知期货部。期货部根据现有的现货经营情况拿出方案，交决策委员会讨论后决策。期货部发现商机后也会及时形成操作方案交决策委员会。考虑到商机稍纵即逝，方案提出后，决策委员会迅速商讨，决策效率很高。

（三）银丰模式需要注意的几点问题

尽管银丰模式是比较成功的，但在实践过程中仍有一些问题需继续注意：

第一，如何引导企业进入期货市场。作为金融产品，在期货市场中形成的产品价格在多数情况下具有指导性、发现性的作用。但由于期货交易参与者众多，实际交易过程中，在某些阶段由于人为因素、供求关系因素等会使价格背离实际价格，此时引导企业进入期货市场的实际选择将是关键。

第二，资金调配问题。期货交易有其严格的交易规则，但由于行情走势的变化，需要企业做好资金准备工作，一旦出现极端行情要有及时的保证金补充，否则将面临强制平仓的风险，套期保值操作将被中断，企业遭受损失。

第三，棉花收购质量和仓单形成问题。通过交易所进行交割的粮食要符合一定的质量标准，只有达到交易所规定的标准并于交割月前运抵交易所指定的交割仓库才能生成仓单，被交易所认可，允许进入交割环节。所以如果企业想进行套期保值操作，此环节是进行实物交割的前提，必须提醒企业注意。

（四）银丰模式的启示

银丰模式是棉花企业参与期货市场的典型案例，在促进现代交易模式的建立、期现结合经营方式的完善、反哺农业等方面具有借鉴意义。

棉花经营进入激烈市场竞争时代，棉花经营理念和经营方式面临着巨大转型需求。银丰集团以棉花专业合作社为载体，以期货市场为平台，积极探索农企合作、期现结合经营模式。通过“公司＋合作社＋农户”、“订单＋期货”的银丰模式，使企业实现了从传统经营方式到农企合作、期现结合的现代棉花经营方式的转轨。农产品期货市场为这些涉农企业的增效和稳健经营提供了有力的保障，农民从中得到了实惠。企业做大、做强的同时，带动更多棉农发家致富，推动了湖北省棉花产业的健康发展。在“订单农业”的实施过程中也实现了农产品种植结构的优化调整，通过有效地服务“三农”，进而服务了整个棉花行业的发展。

风险和收益始终并存，期货市场存在的意义就是为企业提供一个管理价格风险的平台，使企业能够通过套保，规避价格风险，实现稳定经营的目标。如今，忧患意识和竞争意识在当代经营者的理念中日益凸显，许多企业需要学会利用期货来把握市场脉搏，转移经营风险，并逐渐实现企业的做优做强。

参考文献

1. 约翰·墨菲著、丁圣元译:《期货市场技术分析》,地震出版社2007年版。

2. 胡俞越、高扬:《期货市场学》,中央广播电视大学出版社2004年版。

3. 中国棉花信息网:http://www.cottonchina.org。

4. 中国棉花网:http://www.cncotton.com。

5. 新疆棉花信息网:http://www.sslrbj.com。

6. 郑州商品交易所:《期货业务实施细则》,2009年12月。

7. 郑州商品交易所:《关于指定棉花交割仓库的通告(2009)》,第28号。

8. 郑州商品交易所:《关于修改一号期棉部分实施细则及管理办法的通知》,郑商发[2009]118号。

9. 郑州商品交易所:《关于调整新疆棉升贴水的通知(2009)》,第26号。

10. 中国棉花协会:"2005中国国际棉花会议论文/1999年以来中国棉花市场化改革以及多哈回合谈判对世界棉花市场的影响",农业部农村经济研究中心出版。

11. 毛树春:《中国棉花生产景气报告2008》,中国农业出版社2009年版。

12. 陶永红、沈红、戴俊生等:"国内外棉花市场概况及发展趋势",

《新疆农业科学》，2001 年第 2 期。

13. 张琼：中国棉花进出口贸易研究，浙江大学硕士论文。

14. 徐玲：中国棉花进口贸易保护政策研究，江西财经大学硕士论文。

15.《农民日报》，2003 年 4 月 29 日。

后　记

本书是以期货投资者为主要服务对象而编写的一本普及性读物。同时，针对各类实体企业的经营需求及它们所面临的风险敞口，尤其是套期保值方面的需求，本书也提供了不少值得借鉴的应用性案例。因此，本书也可供期货从业人员、企业决策者参考。

本书遵循基础性、通俗性、实用型、规范性原则，力图用通俗易懂的语言和案例说明问题，尽量避免深奥的理论性介绍。本书详细介绍了棉花期货合约，棉花产业链从生产、加工、贸易到消费等各个环节的基本情况以及行业发展趋势、国家产业政策以及棉花期货价格影响因素，为投资者了解棉花期货提供了参考。

目前，参与棉花期货交易的人员既有一般投资者，也有棉花行业的生产、加工及贸易等实体企业。对不同投资主体，我们有针对性地分别介绍了参与棉花期货交易的相关知识。对一般投资者，我们介绍了进行棉花期货投机、套利需要了解的基本技巧及相关注意事项，希望能有助于投资者掌握常用技术，避免常见失误。对于棉花行业实体企业，本书细分了各类型企业，详细分析了各类型企业的价格风险与经营需要，提供了众多企业的实际案例，介绍了企业利用棉花期货的思路、经营模式与具体操作方法，供广大涉棉企业参考。

需要说明的是，“期市有风险，入市需谨慎”！

本书由于篇幅有限，无法一一尽述相关企业及投资者在期货市场上可能面临的所有具体情况。因此，企业参与套期保值务必结合自身的经营需求，制定科学合理的交易策略，严格控制交易规模，切忌“以套保为名行投机之实”。同时，普通投资者在决定参与交易之前，应审慎评估自身能力，尽可能熟悉并掌握交易品种的市场运行特点及操作技能，从而规避不必要的风险。

作为《期货投资者教育系列丛书》之一，本书由中国期货业协会组织编写，具体的编写人员通过公开遴选，并经专家评审最终确定。本书由长江期货有限公司谭显荣同志负责，黄骏飞、童波、方媛、李其保等同志承担了本书的编写任务，郑州商品交易所姬广坡同志对本书书稿进行审阅并提出了宝贵建议。本书在编写过程中得到了中国证监会投资者教育办公室、期货二部、中国期货业协会、郑州商品交易所领导的指导和帮助，在此表示衷心的感谢！书中错误之处，敬请批评指正。

中国期货业协会
《期货投资者教育系列丛书》编委会
2011 年 8 月 12 日